TANSANIA

SANSIBAR

INSIDER-TIPP
Deine Abkürzung ins Erleben!

Reisen mit MARCO POLO Insider-Tipps

MARCO POLO TOP-HIGHLIGHTS

SERENGETI NATIONAL PARK ★ 1

In der Sprache der Massai bedeutet Serengeti „das endlose Land“: Der schiere Artenreichtum ihrer Tierwelt ist ein Muss.

📷 *Tipp: Besorg dir ein Objektiv mit 100–400 mm Zoom.*

➤ S. 46, Serengeti & der Norden

NGORONGORO CONSERVATION AREA ★ 2

Im riesigen Krater leben Löwen und Leoparden neben Gnus, Antilopen, Elefanten und Giraffen (Foto).

📷 *Tipp: Den Sonnenaufgang zum Fotografieren nutzen. Dann kannst du Fotos ohne Touristen schießen.*

➤ S. 52, Serengeti & der Norden

TARANGIRE NATIONAL PARK ★ 3

Tarangire ist für Kenner der schönste Nationalpark – mitten im Rift Valley gelegen und bis heute nur wenig besucht.

➤ S. 57, Serengeti & der Norden

KILIMANDSCHARO NATIONAL PARK ★ 4

Die Strapazen des mehrtägigen Aufstiegs sind spätestens beim Sonnenaufgang auf Afrikas höchstem Berg schnell vergessen.

📷 *Tipp: Steck die Kamera in die Tasche, sonst friert sie dir womöglich am Gipfel ein.*

➤ S. 67, Rund um den Kilimandscharo

BONGOYO ISLAND ★ 5

Entspannen und frischen Fisch essen auf einer kleinen Insel mit Blick auf die Skyline von Tansanias Metropole Dar, nur ein paar Kilometer entfernt.

➤ S. 84, Daressalaam & der Süden

BAGAMOYO 6

Die erste Hauptstadt Deutsch-Ostafrikas erzählt die traurige Geschichte des Sklavenhandels und des Kolonialismus.

➤ S. 87, Daressalaam & der Süden

STONE TOWN 7

Zeitreise zurück in die Welt der Kalifen im einzigartigen Architekturdenkmal und Unesco-Weltkulturerbe auf Sansibar.

Tipp: Fotografier den Sonnenuntergang von einer der zahlreichen Terrassen.

➤ S. 96, Sansibar

GEWÜRZTOUR 8

In Sansibars Plantagen sehen, wo der Pfeffer wächst: Hier hegen Farmer bis heute die natürlichen Schätze der Insel.

➤ S. 101, Sansibar

TAUCHEN IN NUNGWI 9

Auf Tuchfühlung mit Rochen und Walhaien im leuchtenden Ozean vor der Nordspitze Sansibars.

Tipp: Bitte die Tauchschule darum, Unterwasserfotos von deiner Exkursion zu schießen.

➤ S. 105, Sansibar

FUNDU LAGOON 10

Massage mit Meerblick auf der Insel Pemba: verwöhnen lassen und wohlfühlen in der Luxuslodge.

➤ S. 113, Sansibar

INHALT

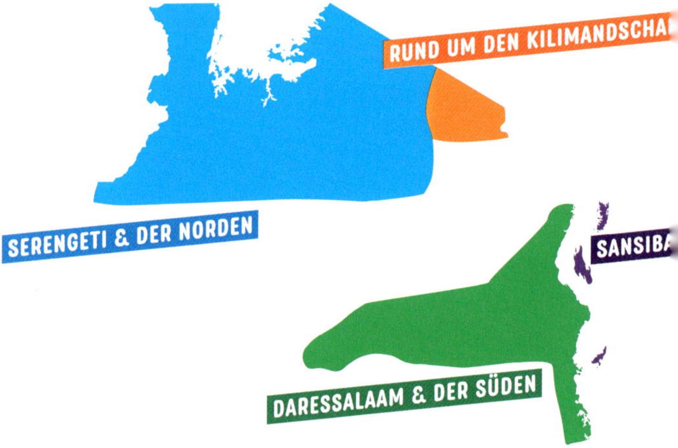

ARCO POLO TOP-HIGHLIGHTS

AS BESTE ZUERST

O TICKT TANSANIA

SSEN, SHOPPEN, SPORT

MARCO POLO REGIONEN

ERLEBNISTOUREN

GUT ZU WISSEN

Besuch planen
€-€€€ Preiskategorien
(*) Kostenpflichtige Telefonnummer
Essen/Trinken
Shoppen
Ausgehen
Top-Strände

(A2) Herausnehmbare Faltkarte
(a2) Zusatzkarte auf der Faltkarte
(0) Außerhalb des Faltkartenausschnitts

BESSER PLANEN MEHR ERLEBEN!

Digitale Extras
go.marcopolo.de/app/tan

MARCO POLO
DIGITALE EXTRAS

DIGITAL NOCH MEHR ERLEBEN

Schneller in Urlaubslaune kommen.

Perfekt organisiert sein – vor, während und nach dem Urlaub.

Mit der MARCO POLO Touren-App und unseren digitalen Angeboten.

Noch mehr Trendziele, Inspiration und aktuelle Infos findest du auf **marcopolo.de**

SO EINFACH GEHT'S

1. Website besuchen
2. Die digitale Welt von MARCO POLO entdecken
3. App runterladen und ab in den Urlaub

Alle Infos zum digitalen Angebot unter **marcopolo.de/app**

DAS BESTE ZUERST

Strecken nach den zartesten Blättern im Serengeti National Park

BEST OF
BEI REGEN

SCHÖN, AUCH WENN ES REGNET

IN TANSANIAS GESCHICHTE STÖBERN
Das rundum modernisierte *Museum and House of Culture* zeigt einen Querschnitt durch Tansanias Geschichte, Kunst und Kultur: von den Schädelfragmenten des „Nußknackermenschen" bis zum Dienstwagen des Königs George V.
➤ S. 80, Daressalaam & der Süden

DAS WETTER SCHÖN TANZEN
Ob Jazz, Bongo Flava oder Taarab: Tansanias Clubszene ist in vollem Swing. Heißer Tipp für Fans von traditioneller Musik: der *Culture Musical Club* in Stone Town. Nach den angesagtesten Afrobeat-Clubs fragst du am besten an der Rezeption deines Hotels.
➤ S. 103, Sansibar

MIT KÜNSTLERN QUATSCHEN
Im *Nafasi Art Space* in Daressalaam trifft sich Tansanias Kulturszene: Künstler, Filmemacher, Tuchweber und Tänzer. Hier kannst du dir einen Überblick verschaffen, dich mit Malern oder Bildhauern über die ausgestellten Werke unterhalten und auch Kunstwerke kaufen.
➤ S. 80, Daressalaam & der Süden

KUNST SHOPPEN
Im *Cultural Heritage Centre* außerhalb von Arusha gibt es eine riesige Auswahl an Schnitzereien, Malereien, Skulpturen und Fotografien. Ein Paradies für Souvernirfans – denn viele Ausstellungsobjekte kannst du auch kaufen.
➤ S. 66, Rund um den Kilimandscharo

SKLAVENKERKER BESUCHEN
In den *Sklavenkerkern* von Stone Town bekommst du einen Eindruck vom Leid, das Generationen von Frauen und Männern zugefügt wurde. Nur durch eine kleine Öffnung fällt etwas Licht in den Raum und bei Regen fließt Wasser in das Kellerloch (Foto).
➤ S. 98, Sansibar

BEST OF LOW-BUDGET

FÜR DEN KLEINEN GELDBEUTEL

ANTIKE POP-ART

Mehr als 200 Zeichnungen haben Künstler vor vermutlich 1500 Jahren auf den Felswänden von *Kolo* hinterlassen: die mit Naturfarben gemalten Bilder von Tieren, Menschen und abstrakten Motiven haben von ihrer Intensität bis heute nichts verloren. Der Besuch ist kostenlos.

➤ S. 59, Serengeti & der Norden

PEMBA OLÉ!

Wenn auf der verträumten Insel im Indischen Ozean die Ernte eingeholt ist, werden die Bauern von *Pemba* zu Stierkämpfern: überall herrscht dann Volksfeststimmung, Zuschauer sind dazu herzlich willkommen.

➤ S. 113, Sansibar

SCHILDKRÖTEN-SAFARI

Sie werden bis zu 200 Kilo schwer und leben in manchen Fällen länger als ein Mensch: Eigentlich kommen Riesenschildkröten nur in einem entlegenen Teil der Seychellen vor. Auf *Changuu Island* vor Sansibar ist aber auch eine ganze Kolonie in ihrem Reservat für weniger als 10 Euro zu sehen.

➤ S. 103, Sansibar

SCHILLERNDES PARADIES

Das Licht bricht sich im Strahl des *Ngare-Sero-Wasserfalls* und verleiht dem versteckten Badesee eine magische Aura: nur eine Stunde Fußmarsch von der trockenen Ödnis des Natronsees entfernt liegt diese grüne Oase, für die kein Eintritt verlangt wird (Foto).

➤ S. 55, Serengeti & der Norden

RÄTSELHAFTE RUINEN

Nicht weit von Bagamoyo entfernt stand einst eine der ältesten Küstenstädte des Landes. Heute sind von *Kaole* nur noch Ruinen übrig, die Archäologen Rätsel aufgeben. Das macht den kostenlosen Besuch zu einer spannenden Spurensuche.

➤ S. 88, Daressalaam & der Süden

BEST OF

MIT KINDERN

SPANNENDES FÜR GROSS & KLEIN

RUTSCHEN UND PLANSCHEN
Tansanias größtes Spaßbad, der *Kunduchi Wet'n Wild Water Park*, verfügt über 22 Rutschen und ist daneben der perfekte Ort, um mit einheimischen Kindern und ihren Eltern ins Gespräch zu kommen.
➤ S. 85, Daressalaam & der Süden

AUF DER SUCHE NACH DEN SMALL FIVE
Bei dieser Safari geht's um die Suche all der bezaubernden und spannenden Kleintiere, die sich in und um die Nationalparks tummeln: Elefantenspitzmaus, Nashornkäfer und viele mehr! Das beste bei einer *Walking Safari* ist: Man ist mit einem Führer zu Fuß unterwegs und kann die Tiere und Pflanzen auch anfassen und studieren.
➤ S. 51, Serengeti & der Norden

ZUR SCHULE GEHEN
Was lernen tansanische Kinder im Unterricht? Wie benehmen sie sich gegenüber ihrem Lehrer? In der *School of St Jude* könnt ihr gegen Spende am Unterricht teilnehmen. Eine einmalige Gelegenheit – auch im Urlaub (Foto)!
➤ S. 67, Rund um den Kilimandscharo

MIT DEN HÄNDEN ESSEN
Im *Abyssinian Maritim* in Stone Town sitzt man nicht am Tisch, sondern auf dem Boden, und isst äthiopische Gerichte mit den Händen. Ein riesiger Spaß für Kinder, der Geschick erfordert, von Groß und Klein!
➤ S. 99, Sansibar

BESUCH BEI DEN MASSAI
Wie leben die traditionellen Viehhüter in Tansanias Norden? Woraus bauen sie ihre Häuser, sogenannte Bomas? Aus welchen Pflanzen machen sie Tee? Die *Massai* freuen sich meist über den Besuch von neugierigen Touristen und bieten oft auch Ausflüge zu Bananenplantagen oder Kaffeefarmen an.
➤ S. 53, Serengeti & der Norden

AUGE IN AUGE MIT DEN BIG FIVE

Löwe, Leopard, Gepard, Nashorn und Elefant: Wer diese fünf Könige der tansanischen Steppen bei einer einzigen Reise zu Gesicht bekommt, kann sich glücklich schätzen. Doch auch das „Grundrauschen" aus Zebras, Antilopen und Gnus lässt dem Besucher der *Serengeti* schier die Augen leuchten (Foto).

➤ S. 46, Serengeti & der Norden

WO DER PFEFFER WÄCHST

Der Wald ist für die Sansibari ein Supermarkt mit nicht enden wollenden Vorräten. Auf einer *Gewürztour* lernst du, wo sie sich verstecken. Nicht nur Gewürze, auch schmackhafte Wurzeln, heilende Kräuter und duftende Blüten stellen die kundigen Führer vor.

➤ S. 101, Sansibar

TOUR DE KILI

Wer mit dem Mountainbike den höchsten Berg Afrikas umrundet, wird mit einem einmaligen Erlebnis belohnt: So intensiv erlebst du Land und Leute, an denen man im Auto schlicht vorbeirauscht, sonst nicht.

➤ S. 71, Rund um den Kilimandscharo

SHOPPEN AUF DEM MARKT

Der *Kariakoo-Markt*, der größte seiner Art in Daressalaam, ist ein Labyrinth von Gerüchen, Geräuschen und Waren. Lass die Wertsachen im Hotel und teste dein Verhandlungsgeschick!

➤ S. 79, Daressalaam & der Süden

SANSIBARS BUNTE UNTERWASSERWELT

Unter den türkisfarbenen Wellen des Indischen Ozeans wartet ein Paradies: Wer mit dem Schnorchel oder dem Tauchgerät auf Meeressafari geht, entdeckt Korallenriffs und zahlreiche Fische. Gute Tauchreviere auch für Anfänger: *Nungwi* im Norden oder *Paje* im Osten der Insel.

➤ S. 105, 109, Sansibar

SO TICKT TANSANIA

Auch Gepardenjunge kuscheln gerne

ENTDECKE TANSANIA

Traditionelle Fischerboote, so genannte Dhows, vor Nungwi

Ngorongoro – der größte Krater der Welt. Kilimandscharo – der höchste Berg Afrikas, mit Schnee bedeckt. Die Serengeti – in der Geparden, Gazellen und Gnus grasen. Sansibar – ein Inselparadies mit Sultanspalästen. Und alles in einem Land, einem Meltingpot der Kulturen mit überwältigender Gastfreundlichkeit und Spuren deutscher Geschichte!

ZWISCHEN AFRIKA UND ORIENT

Weite Strände und exotische Gewürzfelder liegen auf der paradiesischen Inselgruppe vor Afrikas Ostküste nur wenige Kilometer auseinander. Tansania ist ein buntes Mosaik aus Ethnien, Sprachen und Traditionen. Dazu zählen eines der letzten Nomadenvölker der Welt, die Massai. Ebenso die Suaheli, deren kulturel-

- **3,5 Mio. Jahre v. Chr.** Erste menschliche Spuren im Great Rift Valley
- **Ab 9. Jh.** Aufschwung der Suaheli-Kultur
- **18. Jh.** Muslime kontrollieren die Handelswege
- **1873** Verbot des Sklavenhandels
- **1890** Tanganyika gehört zur Kolonie Deutsch-Ostafrika
- **1919** Tanganyika wird unter das Protektorat der Briten gestellt
- **9. Dez. 1961** Unabhängigkeit

les Erbe aus Arabien, Europa und Afrika stammt. Fast 130 Volksgruppen leben im Land und es grenzt fast an ein Wunder, dass diese Vielfalt keine politische Instabilität erzeugt – wie es in den Nachbarländern oft der Fall ist. Nationalsprache ist Suaheli – ein Idiom, das aus der Begegnung der Küstenbewohner mit arabischen Seefahrern entstanden ist. Mit Englisch, der Sprache der britischen Kolonialherren, kommst du in Tansania aber meist durch. Dass wir letztlich alle vom afrikanischen Kontinent stammen, kannst du dir in der Olduvai-Schlucht im Norden des Landes beweisen lassen: Hier wurden einige der ältesten Überreste der Vorfahren des Menschen ausgegraben. Nicht immer ist man mit den Menschen in Tansania so freundlich umgegangen wie heute: In Bagamoyo, einst die Hauptstadt Deutsch-Ostafrikas, wurden Hunderttausende als Sklaven in die ganze Welt verschifft.

EIN FÜNFTEL UNTER NATURSCHUTZ

Das heutige Tansania ist mit einer Fläche von 945 000 km² fast dreimal so groß wie Deutschland. Mehr als ein Fünftel dieses Gebiets steht unter Naturschutz. Das Selous-Reservat ist das größte Schutzgebiet Afrikas und mit seinen 44 800 km² in etwa so groß wie die Schweiz. Das Kontrastprogramm zur Natur wartet in den Städten, vor allem in Tansanias größter Metropole Daressalaam. Aus Radios am Straßenrand scheppert Musik, der Imam ruft zum Gebet und Bettler bitten um ein paar Schillinge. Daressalaam ist eine der am schnellsten wachsenden

- **26. April 1964** Tanganyika und Sansibar schließen sich zur Republik Tansania zusammen
- **1967** Arusha-Deklaration: Die sozialistische Ära beginnt
- **1985** Der Afrikanische Sozialismus scheitert
- **1995** Erste Mehrparteienwahlen
- **2020–2022** Schwieriger Umgang mit der Corona-Pandemie durch fehlende Infrastruktur und teils gezielte staatliche Desinformation

Städte der Welt. Die Menschen verdienen dort im Schnitt weniger als 50 Euro im Monat. Wer – wie die meisten – keine Arbeit hat, muss erfinderisch sein, vor allem auf dem Land. Mehr als vier Fünftel der 58 Mio. Tansanier sind Kleinbauern, die für ihren Eigenbedarf anbauen und deren Ernte wegen des Klimawandels immer unberechenbarer ist. Trotzdem geht es dem Land heute besser als zu Zeiten des Ujamaa-Sozialismus von Gründungspräsident Julius Nyerere, als Regale in den Geschäften oft monatelang leer standen und die Menschen nur dank geschmuggelter Waren aus Kenia überlebten.

BEVÖLKERUNGSWACHSTUM FRISST WIRTSCHAFTSWACHSTUM AUF

Wie viele andere afrikanische Länder, so erlebt auch Tansania seit einigen Jahren ein rapides Wirtschaftswachstum. Das Bruttosozialprodukt steigt im Durchschnitt um fünf Prozent pro Jahr, doch die Mittelschicht wächst nur langsam. Das hohe Bevölkerungswachstum – jede Frau in Tansania gebärt im Schnitt fünf Kinder – zehrt den Wachstumsvorteil auf. Die Regierung hofft auf Einnahmen aus Gas- und Uranvorkommen. Und auch Kleinunternehmer verdienen heute mehr Geld als früher. Fast jeder besitzt heute ein Handy – und bietet seine Produkte oder Dienstleistungen auch im Internet an und informiert sich über die aktuellen Marktpreise für Zwiebeln oder Mais. Die Armut sinkt aber nur langsam. Eines der Hauptprobleme des Landes ist Korruption. Als bekannt wurde, dass unter der Regierung von Jakaya Kikwete 124 Mio. $ veruntreut wurden, die eigentlich für den Aufbau des Stromnetzes gedacht waren, drehten selbst die großherzigsten Geberländer für eine Weile ihre Geldhähne zu. Bisher kassierte die Regierung jedes Jahr mehr als 1 Mrd. $ Entwicklungshilfe.

JUNGE NATION

Erst 1961 wurde das ehemalige Deutsch-Ostafrika von Großbritannien unabhängig, drei Jahre später schlossen sich Tanganyika (so die historische Bezeichnung des Festlands) und die Inselgruppe Sansibar zur Republik Tansania zusammen. Die dortige Unabhängigkeitsbewegung hat dennoch wenig Rückhalt in der Bevölkerung. Eine der größten Herausforderungen Tansanias ist der Erhalt seiner Natur. Viele der 310 Säugetierarten, mehr als 1100 Vogelspezies und 10 000 Pflanzen sind durch das Bevölkerungswachstum stark gefährdet. Der Viktoriasee ist fast leer gefischt und an der Küste wird zunehmend mit Dynamit „geangelt". Dabei zerstören die Fischer aber auch die Nahrungsgrundlage der Wassertiere, die Korallenriffs. In der Steppe gefährden Dürreperioden und Überschwemmungen die Lebensgrundlage der Massai. Umstrittene Straßen- oder Dammbauprojekte zur Modernisierung Tansanias gefährden die Natur weiter. Umso wichtiger sind die Initiativen, die Umweltschutz und die lokale Bevölkerung in nachhaltigen Tourismus einbeziehen. Es lohnt sich, darauf zu achten, ob ökologische und soziale Standards eingehalten werden.

AUF EINEN BLICK

58 Mio.
Einwohner

Iberische Halbinsel: 57 Mio.

1400 km
Küstenlänge

Portugal: 1800 km

945.000 km²
Fläche

Deutschland: 357.000 km²

HÖCHSTER BERG: KILIMANDSCHARO
5.895 m

Mont Blanc: 4810 m

DURCHSCHNITTS-ALTER
17,7 JAHRE

Deutschland: 42,1 Jahre

ZUGANG ZUM INTERNET
43%

REICHSTER MANN TANSANIAS

Mohammed Dewji
1.700.000.000 Euro

80%
der Kinder gehen zur Grundschule

750.000 SÄCKE KAFFEE
zu je 60 kg exportiert Tansania pro Jahr

BIS 2000 JAHRE
können Baobab-Bäume werden

TANSANIA VERSTEHEN

DIABETES STATT AIDS

Die Gesundheit der Menschen in Tansania hat sich in den letzten Jahren enorm verbessert. Ein Problem sind aber weiterhin entlegene Gegenden, wo das nächste Krankenhaus 40 km entfernt liegt und es keine Krankenwägen gibt. Dort müssen Frauen oft zu Hause gebären. Die meisten Menschen sterben deshalb an Komplikationen bei der Geburt. Die zweithäufigste Todesursache sind Atemwegsinfektionen. Die Immunschwächekrankheit AIDS folgt auf Rang drei, wird aber zunehmend von Wohlstandskrankheiten wie man sie auch in Deutschland findet eingeholt: In den Städten, wo viel Fast Food konsumiert wird, leiden immer mehr Menschen an Übergewicht – und entwickeln Bluthochdruck und Diabetes.

TÖRÖ!

Löwe, Rhinozeros, Elefant, Leopard und Büffel: Die fünf größten Säugetiere Afrikas waren früher das Hauptziel der Jagdsafaris. Heute dürfen sie nur noch an *hunting blocks* geschossen werden, deren Lizenzen die Regierung an steinreiche Scheichs und Milliardäre versteigert. 2011 wurden trotzdem rund 10 % aller Elefanten gewildert und ihr Horn illegal verkauft. Heute sind es nur noch etwa 4 %. Nicht nur für Umweltschützer, auch für die Regierung sind diese Zah-
len immer noch zu hoch. Denn m
Safari-Touristen verdient Tansania fa
ein Fünftel seines Bruttoinlandspr
dukts. Deshalb geht das Land hart g
gen Wilderer vor: Wer im Nation
park arbeitet, wird an d
Militärakademie trainiert. Die Range
sind schwer bewaffnet und operiere
nicht nur innerhalb der Parks. Wisse
schaftlern zufolge hängt der Rüc
gang der Wilderei aber vielmehr m
weniger Armut, Korruption und der
Weltmarktpreis fürs Elfenbein zusam
men. Der ist in den letzten Jahren g
sunken. 2017 hat zudem der Haup
abnehmer China den Handel m
Elfenbein verboten und die Wirtscha
wächst nur noch langsam. Die Elefa
ten freut's. Törö!

ABENTEUER BUS

Bei einer Fahrt mit dem *Dalla-Dall*
sind 25 Fahrgäste keine Seltenhei
Umso erstaunlicher ist es, wenn man
die Fahrgäste nach der heißen, holpr
gen Tour aussteigen sieht: die Anzüge
unzerknittert, die Kleidung fleckenlos
Touristen können sich dem traditio
nellen Gefährt in der Stadt (nur tags
über!) durchaus anvertrauen. Auf San
sibar sind die privat betriebenen
Kleinbusse das Standardverkehrsmit
tel – staatliche Busgesellschaften gibt
es dort nicht. Der große Vorteil der
Dalla-Dallas ist ihr Preis: Eine Stadt
fahrt kostet selten mehr als ein paar
Hundert Schillinge.

WELCOME TO SWAHILIWOOD

Tansanias Antwort auf Holly- oder Bollywood heißt Swahiliwood und wächst wie nie zuvor: Die Einnahmen aus

Die Nashörner freut das harte Vorgehen gegen Wilderer

dem Kreativsektor haben sich von 2007 bis 2017 verfünfzehnfacht. Die meisten jungen Leute arbeiten in diesem Bereich, denn die Nachfrage nach TV-Serien, Mode und Musik, die sich aus der eigenen Lebenswirklichkeit speist, ist enorm hoch. Wegen des Begräbnisses eines 28-jährigen Telenovelastars sagte 2012 sogar Tansanias Präsident eine Auslandsreise ab. Die Bongo-Filme laufen in Bars und Hotels von morgens bis abends rauf und runter, aber wegen der Restriktionen der Regierung und der Hürden bei der Kooperation mit anderen Ländern bleibt der internationale Erfolg bislang aus.

JAMBO

Mambo vipi! heißt „Hey, wie gehts" auf Suaheli und ist der Start für ein ausführliches Begrüßungsritual, bei dem man sich nach dem Wohlergehen der Familie, der Arbeit, der Kinder und dem ganzen Rest erkundigt. Formeller ist Habari! („Guten Tag"). Touristen werden meist mit dem flapsigen Jambo! begrüßt, worauf du unbedingt mit Poa! („gut") antworten solltest. Denn dieses Ritual hat einen hohen Stellenwert in Tansania: Niemand käme auf die Idee, in einen Laden zu gehen und einfach etwas zu kaufen. Erst mal wird nachgefragt, wie es dem Verkäufer geht – ob man noch zum Geschäftlichen kommt, wird sich zeigen.

BONGO-BEATS

Die Musikrichtungen in Tansania sind so vielfältig wie seine Einwohner. An der Küste und besonders auf Sansibar

Der wohl populärste *mzungu* Tansanias: Bernhard Grzimek neben Julius Nyerere

sind die Einflüsse der arabischen, indischen und afrikanischen Bewohner zum Taraab verschmolzen. Im Zentrum des Landes werden mit marimbas – Xylofone mit vibrierendem Hohlkörper – ganze Orchester bestückt. In der Kolonialzeit trugen deutsche und britische Militärkapellen zur Entwicklung von *beni ngoma* bei – Musikvereine, die traditionelle Trommeln mit Blechblasinstrumenten verbinden. In den 90ern schwappte HipHop aus den USA nach Tansania. Gemixt mit Afrobeat, Dancehall und R'n'B entstand daraus Bongo Flava und später Singeli: elektronische Beats mit bis zu 300 Schlägen pro Minute, die auch die Panorama Bar in Berlin schon zum Toben brachte.

SERENGETI UND FRANKFURTER ZOO

Ohne Bernhard Grzimek, ehemalige Verhaltensforscher und Direktor des Frankfurter Zoos, wäre die Serengeti wohl kein Nationalpark. Was allerdings auch dazu führte, dass zig Einheimische aus der Serengeti vertrieben wurden, um menschliche Einflüsse auf das Ökosystem zu verhindern. Obwohl die Serengeti eine der am längsten besiedelten Regionen der Erde ist. Grzimeks oscarprämierte Dokumentation „Serengeti darf nicht sterben" (1959) machte die Steppe und ihre wandernden Herden weltberühmt. Bis zu seinem Tod 1987 war er Präsident der Frankfurter Zoologischen Gesellschaft, einer Natur-

:hutzorganisation, die die Serengeti is heute verwaltet. Seine Urne wurde m Rand des Ngorongoro-Kraters be-raben, neben dem Leichnam seines ohns, der während der Dreharbeiten bstürzte.

ILICON DAR

Vozu lange darauf warten, dass end-ch die Regierung Lücken in der orsorge schließt oder man eine An-tellung bekommt? Tansanias Jung-nternehmer finden lieber selbst Lö-ungen auf Probleme. Zanzibit hat ine App entwickelt, mit der Nutzer :ugang zu Gesundheitsinformationen aben und die nächste Apotheke und len nächsten Arzt finden und Termine 'ereinbaren können. DroneWings bil-let Drohnenpiloten aus. Über die Plattform Npovo verkaufen Designer hre Klamotten in der ganzen Welt. Velcome in Silicon Daressalaam!

SAFARI NZURI! GUTE REISE!

Rechne mindestens zwei, besser drei Nächte pro Park ein. Die meistbesuch-te Safari-Region ist der Northern Cir-cuit westlich und nordwestlich von Arusha. Die auf den weniger touristi-schen Süden spezialisierten Veranstal-ter sitzen in Dar. Die Buchung einer Safari vor Ankunft macht Sinn – vor al-lem in der Hauptsaison sind Lodges und Touren oft Monate im Voraus aus-gebucht. Angeboten werden meist packages (Transport, Unterbringung, Safari plus Fahrer und/oder Führer im Paket). Die Preise der Veranstalter (tour operators) variieren stark. Rech-ne für eine Safari mit mindestens 300 bis 500 Euro pro Kopf und Nacht (mit

KLISCHEE KISTE

UNBERÜHRTE WILDNIS

Der wilde Osten Afrikas, ursprüng-liche Natur – diese Tansania-Werbe-Slogans hast du bestimmt schon zigmal gelesen. Ungefähr ein Fünf-tel Tansanias steht zwar unter Na-turschutz, man könnte auch sagen: wurde in einen Staat im Staat um-gewandelt, finanziert zum Großteil von Entwicklungsgeldern und ver-waltet von Umweltschutzorganisa-tionen.

Aber in Nationalparks wie der Se-rengeti triffst du deshalb nur Tour-guides, Hotelmitarbeiter, Parkran-ger und Umweltschützer, weil die Massai, die das Gebiet bis zur Grün-dung der Nationalparks besiedel-ten, vertrieben wurden. In Wirklich-keit sind die Parks im Norden Tansanias die am längsten von Menschen besiedelten und genutz-ten Gebiete der Welt.

UNTERENTWICKELTES AFRIKA

Wer sich vor Ort eine Sim-Karte be-sorgt, wird feststellen, dass Deutschland in der Digitalisierung im Gegensatz zu Tansania Entwick-lungsland ist. Auch was *mobile pay-ment* und Apps angeht: Die Tansa-nier zahlen bargeldlos mit der M-Pesa-App, studieren mit Lern-Apps und überwachen ihre Ge-sundheit mit m-Health-Lösungen wie der App Totohealth. Von wegen Dritte-Welt-Land...

128 Völker leben in Tansania, darunter auch das Nomadenvolk der Massai

viel Luft nach oben). Einen Großteil nehmen allein die Park- und Fahrzeuggebühren ein. Am meisten Tiere siehts du nach der großen Regenzeit von Juni bis September, weil sie in den Nationalparks besonders viel Wasser und Futter finden.

ALLES DREHT SICH UMS DORF

Tansanias erster Präsident Julius Nyerere, der von 1961 bis 1985 regierte, führte sein Land in den „afrikanischen Sozialismus", dessen Kern die Dorfgemeinschaft sein sollte. Die Politik des Ujamaa (Suaheli für: Gemeinschaft) führte die Bevölkerung in Gemeinschaftsdörfern zusammen, die sich selbst verwalten und versorgen sollten. Tansanias Einheitspartei Tanu bestimmte 8000 Ujamaa-Dörfer, Hunderttausende wurden dorthin zwangsumgesiedelt. In den Dörfern wurden Monokulturen propagiert, was zur Auslaugung der Böden und zum Versiegen der Quellen führte. Korruption und Machtmissbrauch schadeten der Wirtschaft so sehr, dass auch die Regierung Nyerere nicht länger wegsehen konnte. Ende der 1970er-Jahre wurde das Experiment eingestellt.

UNBERECHENBARE POLITIKER

Der seit 2015 regierende Präsident John Magufuli, ein populistischer Sozialist, wurde zwar von vielen wegen seiner Direktheit geschätzt, aber seine Methoden gegen Andersdenkende wurden zunehmend brutal: Journalisten, Menschenrechtsaktivisten und olitische Gegner verschwanden, Inrnetzensur, Hetze gegen gleichgechlechtliche Liebe und Schulverbot r schwangere Mädchen setzten insesondere den jungen Leuten zu. In er Pandemie sagte Magufuli, man olle das Virus „wegbeten" – bis er elbst im März 2021 (mutmaßlich an ovid) verstarb. Seither regiert Samia uluhu Hassan; die neue Präsidentin erfolgt mit Impfkampagnen zuminest eine seriösere Coronapolitik als r Vorgänger.

AUFLEUTE-KULTUR

ie Suaheli (englisch: Swahili) waren ansanias erste bekannte Hochkultur, ntstanden aus einem Mix von afrikaischen, persischen und arabischen aufleuten und Traditionen. Ab dem 0. Jh. bauten sie Städte und den oldhandel mit der Außenwelt aus. ine der größten Ruinenstädte der uaheli liegt auf Kilwa Kisiwani, einer nsel südlich von Dar. Manche Historier glauben, dass die Legende von önig Salomons Goldminen hier ihen Ursprung hat. Nach dem 15. Jh. erschwand die Suaheli-Kultur auf einmal von der Bildfläche. Darüber ätseln Archäologen bis heute. Das eutige Tansania verdankt den Suahei seine Landessprache: Nach der Unabhängigkeit entschied sich Julius Nyerere, Kisuaheli und nicht Englisch zur Staatssprache zu machen. Außerdem verabreden sich viele Tansanier bis heute in Suaheli-Zeit: Sie beginnt mit 0 Uhr bei Sonnenaufgang (am Äquator fast immer um 6 Uhr früh), 6 Uhr entspricht unserer Mittagsstunde, und um 12 Uhr (18 Uhr) geht die Sonne wieder unter. Frag im Zweifel nach, welche Zeit gemeint ist!

IN VIELFALT VEREINT

128 ethnische Gruppen leben in Tansania in Frieden miteinander. Das liegt zum einen daran, dass es keine dominierende Volksgruppe gibt: Sukuma stellen mit 13 Prozent den größten Bevölkerungsanteil, Nyamwezi und Makonde folgen mit 9 bzw. 8 Prozent. Die Zugehörigkeit ist auf dem Land noch von Bedeutung: Sprache, Kultur, Zeremonien und Riten werden bewusst gepflegt. Dennoch fühlen sich Tansanier, anders als in manchen anderen afrikanischen Ländern, vor allem als Staatsbürger: einer der positiven Effekte von Nyereres Ujamaa-Politik. Denn nachdem Mitglieder verschiedenster Ethnien zwangsweise in den Gemeinschaftsdörfern landeten und dort mit ihren Problemen klarkommen mussten, entstand ein Zusammengehörigkeitsgefühl.

DAS TAL UNSERER VORFAHREN

Für Paläontologen ist die Sache klar: Wir sind alle Afrikaner. Vermutlich trennte sich der Entwicklungspfad von Affen und Menschen vor vier bis sechs Mio. Jahren im Great Rift Valley, das sich durch Tansania, Kenia und Äthiopien zieht. Belege dafür fand das Forscherpaar Richard und Mary Leakey in der tansanischen Olduvai-Schlucht. Aus den dort entdeckten Knochenresten lässt sich ablesen, dass der Homo erectus mindestens 1 Mio. Jahre neben anderen Hominiden in Afrika lebte, bevor sich aus ihm vor ca. 500 000 Jahren der Homo sapiens entwickelte.

ESSEN SHOPPEN SPORT

Ob Mango, Bananen oder Melone – reif geerntet so viel leckerer

ESSEN & TRINKEN

Eben noch im Meer, jetzt auf deinem Teller: Vor allem an der Küste ist die Frische der Gerichte unglaublich. In einigen kleineren Hotels musst du deshalb schon am Mittag bestellen, was der Koch für dich auf dem Markt besorgen soll.

Die Vielfalt an frisch gefangenem Fisch und Meeresfrüchten macht das Essen an der Küste zu einem einzigen Genuss. Fisch wird meist als Ganzes gegrillt oder in einer gewürzten Sauce gekocht. Hummer ist eine Spezialität, die auf Sansibar besonders erschwinglich ist und die man unbedingt probieren sollte, am besten einfach gekocht oder gegrillt. Auch die riesig großen Krebse und Krabben sind sehr lecker.

NAHRHAFT NICHT NUR FÜR FLEISCHESSER

Wer lieber Fleisch als Fisch isst, befindet sich in Tansania in guter Gesellschaft. Nicht umsonst ist *nyama choma* (gegrilltes Fleisch) das Natio nalgericht im Binnenland. Traditionel wird dafür ein Stück Ziege oder Scha auf Holzkohle gegrillt und am Tisch in Stücke geschnitten, dazu gibt es Salz und *Ugali* (Maisbrei). Ebenso zuberei tet wird frisch geschlachtetes Rind an geboten, Schwein gibt es hingegen nur selten und ist sehr teuer. Das Rindfleisch aber ist günstig, oft braucht man jedoch Geduld beim Kauen. Es wird nämlich nur sehr sel ten abgehängt. Tansanier schwören auf durchwachsenes Fleisch mit or dentlicher Fettkante, doch es hat sich herumgesprochen, dass Urlauber meist magere Stücke bevorzugen. Steak solltest du, wenn es unbedingt sein muss, aus hygienischen Gründen mindestens *medium* bestellen, zumal „blutig“ (Englisch: *rare*) in Tansania durchaus wörtlich genommen wird.

Vegetarier können sich auf die indische Küche freuen, die praktisch überall an-

Leckere Snacks sind Sambusas (li.), Ugali (re.) ist die traditionelle Sättigungsbeilage

geboten wird. Zu den beliebtesten Gerichten gehören *dal* (Linseneintopf), *massalas* (Currys) mit Gemüse (oder Huhn) und der auf vielfältige Weise zubereiteter *paneer,* ein fester Kochkäse. Dazu werden Reis, *naan* oder *roti* (verschiedene Fladenbrote) serviert.

STREETFOOD

Zumindest einmal solltest du in einem Restaurant mit Plastiktischen und Grill oder Gaskocher auf der Straße essen. Im Mittelpunkt eines solchen Mahls steht die Sättigungsbeilage, entweder *Ugali* oder Reis. Dazu gibt es einen Eintopf aus Fisch, Huhn, Ziege oder Schaf oder schlicht Bohnen. *Mishkaki* sind Fleischspießchen, die auf Holzkohle gegrillt werden. Auch Kochbananen und Maiskolben werden auf diese Weise zubereitet. Andere beliebte Snacks sind *Sambusas* (auch *Samosas* genannt), frittierte Teigtaschen, die mit Spinat, Käse, Fleisch oder Fisch gefüllt werden. Dazu gibt es auf Wunsch eine scharfe Sauce.

DEFTIGER START IN DEN TAG

Der Tag beginnt im Binnenland meist herzhaft: Eier, *baked beans,* Würstchen und ausgebratener Speck, dazu elastisches Toastbrot, das mit Butter oder *blue band* (Margarine) bestrichen wird. Wenn du nicht aufs Vollkornbrot verzichten willst, bring lieber selbst eins mit. An der Küste besteht das Frühstück meist aus *chai* (Tee) mit *mandazi* (Krapfen) oder frischem *chapati* (Teigfladen). Auf Sansibar gibt es starken arabischen Kaffee, oft mit einer Prise Kardamom gewürzt, der aus orientalischen Kannen gegossen wird. Ansonsten ist (von den Städten mit ihrer trendigen Kaffeekultur abgesehen) guter Kaffee im Land selten: Die edlen Bohnen von den Hängen des Kilimandscharo werden exportiert, während vor Ort Instantkaffee ausgeschenkt wird.

Aufgetischt: eine Schale tansanischen Bohneneintopfs

ZUCKERSÜSSE VITAMINBOMBEN

Als Snack gibt es nichts Besseres als die tansanischen Früchte, die sensationell schmecken – kein Vergleich zur deutschen Supermarktware, die im Schiff oder Flugzeug Tausende Kilometer nach Europa zurückgelegt hat. Außer den kleinen, süßen Bananen gibt es Mangos, mehrere Sorten Papaya (mit einem Spritzer Zitronensaft essen) und Passionsfrucht, die man auslöffelt – die Kerne werden mitgegessen. Ananas sind größer als die in Deutschland erhältlichen und haben eine erfrischende, säuerliche Note. Die grünen Orangen isst man nicht in Stücken, sondern beißt in ein Achtel und saugt den Saft aus.

TRINK BIER LAUWARM

Wenn die Sonne untergeht, ist das in Tansania Anlass für einen *Sundowner*, etwa ein lokales Bier: Safari, Serenge und Kilimanjaro oder das kenianisch Tusker werden in Halbliterflasche serviert. Meistens wird das Bier warn getrunken: Wer ein kaltes Bier möch te, sollte bei der Bestellung *baric* (kalt) dazu sagen. Wein wird überwie gend aus Südafrika importiert und is sehr teuer. Liebhaber von Cocktail haben die Wahl: wo es Touristen gib werden auch Mixgetränke serviert. Ir den einfacheren Bars trinkt man ehe Whisky und Konyagi Gin, pur oder mi Tonic. Wasser solltest du nur aus Fla schen, nie aus der Leitung trinken. Eir Drink der besonderen Art: Mit eine Machete wird die Spitze einer grüner Kokosnuss gekappt, damit man die durchsichtige und sehr erfrischende Kokosmilch trinken kann.

INSIDER-TIPP **Naturdelikatess**

Bitte den Verkäufer darum, für dich mit einem Stück Schale das junge Kokosfleisch auf der Innenseite abzukratzen, das du zum Schluss Stück für Stück verzehrst.

FINGER WEG VON BUFFETS

Um Magenprobleme zu vermeiden, gilt auch in Tansania: Gekocht sollte das Essen sein, gegart oder geschält Salat solltest du nur in den Hipster-Läden in Dar oder Arusha bestellen. Lauwarme Hotelbuffets mit lange warmgehaltenem Essen sind regelrechte Bakterienherde. Ein bisschen Bauchgrummeln, weil Gewürze und Gerichte anders sind, ist dagegen gerade in den ersten Tagen oft die Regel. Da hilft es, sich auf die Sättigungsbeilagen zu konzentrieren. Gerade Reis und *Ugali* wirken oft Wunder.

Unsere Empfehlung heute

Frühstück

CHAI MAZIWA
würziger Schwarztee, dessen Blätter in Milch gekocht werden

MAANDAZI
in Fett ausgebackene Krapfen

SUPU YA DAGAA
gebratene Salzfische aus dem Viktoriasee, im Ganzen zu verzehren

Hauptgerichte

CHIPSI MAYAI
mit Ei überbackene Pommes frites

PILAU
mit Zimt, Kardamom und Fleischstückchen zubereiteter Reis

MCHUZI
Eintopf aus Zwiebeln, Tomaten, Auberginen und anderen Gemüsesorten

Snacks

CHAPATI
Teigfladen aus Mehl und Wasser, mit Öl oder Butter bestrichen

KATLESI
mit Kartoffel ummantelte, frittierte Hackfleischbällchen

KEBABU
Bouletten aus Rindfleisch

SAMOSAS/SAMBUSAS
mit Fleisch, Fisch oder Gemüse gefüllte und frittierte Teigtaschen

Beilagen

UGALI
Polenta-Maisbrei, der in Saucen getunkt wird

KACHUMBARI
Salat aus Tomate, Zwiebel, Gurken und Chili

WALI WA NAZI
in Kokosmilch gekochter Reis

SHOPPEN & STÖBERN

Feilsche um jeden Preis! Egal ob auf der Straße oder in Souvenirläden, keinesfalls aber im Supermarkt. Das Startangebot, das man dir macht, ist oft viel zu hoch. Hast du einem Preis einmal zugestimmt, ist der Handel abgeschlossen – nachverhandeln geht nicht.

BUNT GEWICKELT

Kangas – Stoffe aus bunt bedruckter Baumwolle – sind ein Stück gewebter Poesie. So werden Neugeborene in Kangas gewickelt, auf denen „titi la mama ni tamu" steht: Mamas Milch ist die beste. Freundinnen tragen den Kanga, der traditionell in zwei identischen Teilen verkauft wird, als Beweis ihrer Freundschaft. Lass dir unbedingt zeigen, wie er gebunden wird!

GESUNDE LECKERLIS

Knackige Cashewkerne und eine Auswahl an tansanischem Kaffee gibt es günstiger, aber in derselben Qualität im Supermarkt zu kaufen. Gewürze und Obst besorgst du am besten auf dem Markt. Sag dem Verkäufer, dass du sie im Flugzeug transportieren willst – dann wählt er entsprechend robuste Avocados oder Mangos für dich aus.

MASSVOLL KLEIDEN

Lass dir dein neues Lieblingskleid oder deine neue Lieblingstasche maßschneidern! Da die Herstellung und Anprobe mehrere Tage in Anspruch nehmen, gibst du dein Unikat am besten gleich nach Ankunft bei einem Designer in Auftrag. In Daressalaam ist *Kiki's Fashion* zu empfehlen, in Stone Town *Moto* oder *Sasik*.

UNTERHALTSAM UND SCHÖN ANZUFASSEN

Auf Sansibar werden mit dem Bao-Spiel, einem aufklappbaren

Farbenfrohe Souvenirs: maßgeschneiderte Kleider und handgefertigte Armbänder

Brett (Samenkörner dienen als Spielsteine), richtige Meisterschaften durchgeführt. Zu kaufen gibt es das Spiel überall in Sansibar-Stadt. Vergiss nicht, nach den Regeln zu fragen!

CREMES STATT KUNSTHANDWERK

Wer braucht schon Holzgiraffen und Masken! Deck dich lieber mit Naturkosmetik des Start-Ups *Inaya (inayazanzibar.com)* aus Sansibar ein. Die Öle und Seifen aus Baobab, Moringa und Macademia sind eine pure Sinnesfreude. Kein Wunder, dass die Gründerin Cheherazade von dem US-News-Kanal CNN entdeckt wurde und ihre Produkte auch erfolgreich online verkauft.

WAS ZUM KLIMPERN

Breite oder zierliche Armreifen aus Holz, Horn, Metall oder Leder. Hüftlange Ketten aus milchig-transparenten Glasperlen. Ringe, mit denen du Blicke auf dich ziehst – Tansanias Goldschmiede und Schmuckdesigner spielen so souverän mit Formen und Materialen, dass du findest, was genau zu dir passt. In den Design-Läden in den Gassen von Stone Town ist die Auswahl am größten.

WAS ZUM STRAHLEN

Er ist tausendmal seltener als Diamanten, leuchtet in drei Farben (blau, violett und burgunderrot) und ist bald komplett abgetragen: Tansanit, ein vor 550 Mio. Jahren am Fuß der Kilimandscharo entstandener Edelstein. Wer sich ein solches Schmuckstück in Rohform oder eingefasst in einen Ring mit nach Hause nehmen will, sollte unbedingt in einem Fachgeschäft kaufen und auf die vier C's achten: Farbe *(colour)*, Klarheit *(clarity)*, Schnitt *(cut)* und Karat *(carat weight)*. Je höher die Kombination dieser Eigenschaften, desto wertvoller ist der Juwel.

SPORT

Die wenigsten Tansanier würden sagen, dass sie Sport treiben – obwohl sie es gewohnt sind, täglich kilometerweit zu laufen, mit dem Fahrrad Berge hinaufzufahren oder Stunden auf und im Meer zu verbringen. Solche Aktivitäten sind Teil des täglichen Lebens – und genauso werden sie auch Urlaubern angeboten – frische Luft und blauer Himmel inklusive.

Bei aller Schönheit des Workouts in der Natur: Vergiss nicht, dass du dich in Äquatornähe befindest und jede Art von Anstrengung den Organismus mehr belastet als zu Hause – lass es also langsam angehen. Guter Sonnenschutz und viel Flüssigkeit sind essenziell.

WANDERN & BERGSTEIGEN

Kilimandscharo und Mount Meru sind die beliebtesten Ziele für Bergsteiger. Auf beide Berge gibt es technisch einfache Routen. Am meisten macht die extreme Höhe zu schaffen, weswegen du dir unbedingt genügend Zeit für den Aufstieg nehmen musst.

Eine besondere Herausforderung ist der Ol Doinyo Lengai (2878 m). Der Vulkan erhebt sich nordöstlich des Ngorongoro-Kraters. Auch weil einer der beiden Krater noch aktiv ist, ist der Aufstieg nur mit einem ortskundigen Führer möglich. Die meisten Bergpartien starten um fünf Uhr, so dass sie gegen elf Uhr den Kraterrand erreichen. Der Abstieg dauert noch einmal zwei Stunden. Andere Gruppen beginnen den Aufstieg um Mitternacht, so dass sie das Ziel bei Sonnenaufgang erreichen. Touren kannst du in Arusha buchen.

Wer keine Berge erklimmt, aber gern wandert oder spazieren geht, kann in mehreren Nationalparks in Begleitung eines erfahrenen Guides auf Tour gehen. Möglichkeiten dazu gibt es im

Endlich oben! Nach langem Aufstieg auf dem Gipfel des Kilimandscharo

Ngorongoro-Krater, im Arusha-Nationalpark, in Gombe, Saadani und Selous, im Nationalpark Jozani-Chwaka Bay auf Sansibar und natürlich auf den Wanderwegen am Fuß des Kilimandscharo.

MOUNTAINBIKING

Staub, Hitze, Berge: Wen das nicht abschreckt, sondern sogar motiviert, der ist für Mountainbiking in Tansania gerüstet.

Vor allem im Hochland rund um Arusha und in den Usambara-Bergen, aber selbst am Kilimandscharo werden Touren angeboten, z.B. von *Summit Expeditions & Nomadic Experience (Tel. 0787 74 02 82 | nomadic experience.com)*. Eine breite Auswahl an Tagestouren organisiert *Summits Africa (Arusha | Tel. 0784 52 20 90 | summits-africa.com)*. Der Veranstalter vermietet auch Räder und sonstige Ausrüstung.

TAUCHEN

Sansibar, Pemba und Mafia Island sind Dorados für Taucher: Von hier aus sind die Riffe nie weit entfernt, und praktisch jedes Hotel hat eine angegliederte Tauchschule, die die nötige Ausrüstung verleiht, Ausflüge organisiert und Kurse für Neulinge und erfahrene Taucher anbietet. Fast überall gibt es Schnupperkurse, bei denen man einen Tag in Begleitung das schwerelose Treiben ausprobieren und die Unterwasserwelt erkunden kann. Meeresschildkröten, Walhaie oder Mantas gehören zu den Highlights der reichen Tauchgründe.

Auf Sansibar ist das Wasser zwischen November und März am klarsten. In der Regenzeit (März–Mai) ist Tauchen oft nicht möglich, weil Regen die Sicht am Riff verdirbt. Aufgewühlt und trübe kann das Wasser auch sein, wenn die Monsunwinde (Juni–Sept.) vom Meer her wehen;

Tauchen mit den Meeresschildkröten: An der Küste Tansanias ist das möglich

an geschützteren Plätzen (z. B. Sansibars Westküste) ist das Vergnügen aber ungetrübt.

Wer sicher sein will, dass eine Tauchschule offiziellem Standard entspricht, schaut unter *padi.com* nach. Dort gibt es für diejenigen, die ihren Schein auf Sansibar machen wollen, auch die Möglichkeit, die Theorie schon zu Hause online abzulegen – dazu muss man allerdings bereits die Tauchschule kennen, bei der die praktischen Stunden absolviert werden.

INSIDER-TIPP
Gleich tauchen statt büffeln

Wem Tauchen zu aufwendig oder zu teuer ist: Praktisch alle Schulen bieten Schnorcheltrips an. Direkt am Riff trägt man meist keine Flossen, um Schäden an den empfindlichen Korallen zu vermeiden. Viele Ausflüge gehen zu vorgelagerten Inseln, etwa Chumbe Island (Sansibar) oder Misali Island vor Pemba.

KITEBOARDING

Die Ostküste Sansibars hat sich zu einem Pilgerort für Kiteboarder verwandelt. Das High-Speed-Surfen mit Lenkdrachen ist bei Einheimischen genauso beliebt wie bei in Daressalaam arbeitenden Expats und Urlaubern. Im *Airborne-Kitecenter (Paje | Tel. 0715 548464 | airbornekitecentre.com)* auf Sansibar kann man auf den Geschmack kommen und Kurse mit Ausrüstung buchen.

REITEN

Erfahrene Reitsportler sollten sich eine Tour durch Tansanias Hochland nicht entgehen lassen: Die Besitzer der Makoa-Farm (s. S. 71) am Fuß des Kilimandscharo organisieren Reitsafaris: Besonders schön zu Pferd sind auch die Ausläufer der Serengeti.

ER-TIPP
oss statt Jeep

Im privaten *Singita Grumeti Reserve (Tel. 021 6 83 34 24 | singita.com)* gibt es ein Reiterzentrum, von dem aus Ausritte in die Savanne organisiert werden können. Neben Hochland und Serengeti kann man auch am Strand reiten: Am herrlichen South Beach südlich von Daressalaam, nicht weit vom Kap Ras Kutani entfernt, gibt es den *Horse Club (Tel. 0754 00 02 34 | thehorseclubtz.com)* mit 36 Pferden und mehreren Trainern.

SEGELN

Segeln ist in Tansania vor allem Jachtbesitzern vorbehalten, deren Clubs nur zu Events wie *Tanzacat* (s. S. 131) zugänglich sind. Auf Sansibar gibt es aber die eine oder andere Segelschule. *Dive 'n' Sail (Tel. 0774 44 12 34 | dive-n-sail.com)* in Nungwi etwa vermietet einen 15-Meter-Katamaran mit allen Schikanen, samt Profi-Skipper für Segel- und Tauchtouren.

MARATHON-LAUFEN

Langstreckenläufer sollten, auch wenn sie in Bestform sind, in Tansania erstmal kürzere Strecken versuchen, um zu erfahren, wie ihr Körper auf die starke Sonneneinstrahlung und auch die Höhenlage reagiert. Kommst du gut damit klar, kannst du das ganze Jahr über verschiedene Marathonläufe mitmachen: Ob in der Serengeti, am Kilimandscharo oder auf Sansibar. Manche der organisierten Läufe sind übrigens nur 5, 10 oder 21 km lang und auch für Amateurläufer eine tolle Erfahrung. Auf *marathons.ahotu.com/calendar/tanzania* bekommst du eine Übersicht über die Daten der bekanntesten Lauf-Events.

HOCHSEEFISCHEN

Der Kanal zwischen Sansibar und Pemba gilt als eine der fischreichsten Gegenden der Welt, ebenso die Gewässer rund um Mafia Island. Riesige Barrakudas und Heerscharen von Marlinen tummeln sich vor allem in der Hochsaison (Aug.–März) im Meer. Die meisten Tauchzentren organisieren Angeltouren oder helfen zumindest bei der Organisation. *Fishing Zanzibar (fishingzanzibar.com)* und *Zanzibar Big Game Fishing (Tel. 024 2 94 10 25 | rasnungwi.com)*, beide in Nungwi, bieten Touren, die teils mehrere Tage dauern.

GOLF

In Daressalaam gibt es, abgesehen von dem 18-Loch-Parcours im *Gymkhana-Club (Ghana Av. | Tel. 022 2 13 84 45)*, noch einen vom Militär betriebenen 9-Loch-Platz *(Lugalo Ground | Tel. 0732 92 68 26)*. Im *Kilimanjaro Golf & Wildlife Estate (Usa River | Tel. 0784 11 11 06 | kiligolf.com)* kann man 18 Löcher mit Blick auf den Kilimandscharo spielen.

DIE REGIONEN IM ÜBERBLICK

Den schneebedeckten Gipfel am Äquator erklimmen
RUND UM DEN KILIMANDSCHARO
S. 60
SOOMAALIYA
Tana
KENYA
Lake Natron
Moshi
Arusha
Galana
SANSIBAR S. 92
Im türkisblauen Meer baden und zwischen Sultanspalästen schlendern
TANZANIA
Tanga
Pemba Island
Zanzibar Channel
Zanzibar
Zanzibar Island
Wami
DODOMA
Morogoro
Dar es Salaam
Iringa
Rufiji
Mafia Island
DARESSALAAM & DER SÜDEN
S. 74
INDIAN OCEAN
Ruinenstädte und einsame Nationalparks erkunden
MOÇAMBIQUE

SERENGETI & DER NORDEN

EIN WUNDERWERK DER ERDE

Das wohl berühmteste Naturschauspiel der Welt ereignet sich im Norden Tansanias. In einem immer wiederkehrenden Zyklus durchwandern Hunderttausende von Tieren die Savanne. Schauplatz dieses Spektakels ist die Serengeti, jener riesige Nationalpark, der sich bis nach Süd-Kenia erstreckt. Die Serengeti ist der bekannteste Nationalpark Afrikas, aber bei weitem nicht das einzige Highlight auf einer Tour auf dem so genannten Northern Circuit, der Rundtour durch die Parks im Norden. Fast so berühmt wie die Seren-

Büffel und Zebras sonnen sich, Nilpferde und Elefanten baden im Ngorongoro Krater

geti ist der Riesenkrater Ngorongoro, wo auf engstem Raum 30 000 Tiere zusammen leben, darunter die gesamten Big Five. Zu den unbekannteren, aber sehenswerten Zielen im Norden gehört der Lake Natron, an dessen Ufern Scharen von Flamingos leben. Oder die Olduvai-Schlucht: Sie ist eine der bekanntesten archäologischen Fundstätten Afrikas. Ein Erlebnis ist der Nationalpark von Tarangire – wegen seiner massigen Affenbrotbäume (Baobabs) und der großen Elefantenherden auch „Land der Riesen" genannt.

SERENGETI & DER NORDEN

MARCO POLO HIGHLIGHTS

★ **SERENGETI NATIONAL PARK**
Wo Löwen jagen und Gnus wandern, erstreckt sich die weite und wilde Welt der berühmten Savanne ➤ S. 46

★ **BALLONSAFARI**
Hoch über der Serengeti: Wie groß dieses Land wirklich ist, siehst du erst von oben ➤ S. 51

★ **NGORONGORO CONSERVATION AREA**
Beeindruckende Tiervielfalt: Im riesigen Krater leben Jäger und ihre Beute auf engstem Raum ➤ S. 52

★ **TARANGIRE NATIONAL PARK**
Unvergessliche Safari zwischen Riesen-Baobabs und Elefantenherden ➤ S. 57

Awendo
Mulot
83
Amala
Narok
L. Naivasha
Kijabe
Suswa
A104
Nairobi
ime
KENYA
Ewaso Ngiro
Mara
Mugumu
MARA
Magadi
Kajiado
Grumeti
Ballonsafari
rengeti National Park
6
Lake Natron
S. 54
Ngatatoek
130 km, 3 Std.
T2
ARUSHA
Longido
T17
SIMIYU
Ngorongoro
Conservation Area
S. 52
90 km, 2 ½ Std.
2
Kaffeefarm
am Ngorongoro
Arusha
Makuyuni
Mang'ola Barazani
Lake Eyasi
Lake Manyara
S. 56
Sibiti
Tarangire National Park
T5
S. 57
Haydom
Babati
Tarangire
Nduburno
MANYARA
Iguguno
Nangwa
T14
3
Felsmalereien in Kolo
Singida
Kondoa
SINGIDA
DODOMA
Ikungi
T5
Bubu
50 km
31.08 mi

Ein Besuch der Serengeti ist die Krönung eines jeden Tansania-Urlaubs: Hier erlebst du die größten Tierwanderungen der Welt. Jedes Jahr ziehen rund zwei Millionen Gnus und Impalas, begleitet von Antilopen, Zebras und Gazellen von den Hängen des Ngorongoro-Kraters durch die Serengeti nach Kenia und wieder zurück. Mehr als tausend Kilometer. Um diese Wanderung abzusichern, wurde ein Teil der Savannenlandschaft bereits vor knapp hundert Jahren als Wildschutzgebiet deklariert und Einheimische wurden vertrieben. Seit den 1980er Jahren sind die Serengeti und Ngorongoro Unesco-Weltnaturerbe.

Spektakulär ist auch das Great Rift Valley, der Große Afrikanische Grabenbruch: Diese geologische Bruchzone hat (nicht nur) die afrikanische Erdoberfläche großflächig geformt. Seit 30 Mio. Jahren bewegen sich durch den Grabenbruch zwei Landmassen auf einer Strecke von 6000 km auseinander. In Tansania sind dadurch u. a. zahlreiche Vulkane und alkalische Seen entstanden. Der Blick vom zentralen Hochplateau der Serengeti hinunter in die bis zu 1500 m tiefer gelegene Schlucht des Manyarasees raubt einem schlicht den Atem.

Eine Tour durch die Nationalparks des Nordens organisierst du innerhalb von Tansania am besten von Arusha aus. Denk bei der Planung auch an warme Kleidung: Die meisten Nationalparks liegen gut tausend Meter über dem Meer – abends oder bei morgendlichen Jeepfahrten ist es hier oft überraschend frisch.

MWANZA

(📖 E2) **Tansanias zweitgrößte Stadt liegt nicht weit vom westlichen Ende der Serengeti entfernt und ist das Tor zu Afrikas größtem Binnenmeer, dem Viktoriasee.**

Im Herzen ist Mwanza (750 000 Ew.) eine Industrie- und Handelsstadt. Im größten Binnenhafen Tansanias wird verschifft, was rund um den Viktoriasee gefangen und angebaut wird. In den Fabriken werden Nilbarsche filetiert und nach Europa geflogen. Neben der Fischindustrie lebt die Stadt von der Baumwoll- und Textilproduktion sowie von der Seifenherstellung. Im Stadtzentrum haben die Wirtschaftsbeziehungen bis nach Indien ihre Spuren hinterlassen: Hier stehen zahlreiche Moscheen und Hindutempel. Vor allem die Region um die Temple Street lohnt den Besuch.

SIGHTSEEING

BISMARCK ROCK

Mwanzas Wahrzeichen ist ein gewaltiger Granitblock, der mitten im Hafenbecken nahe dem Kamanga-Fährterminal aufrecht auf einer Gruppe von Felsen steht. Nach Fürst Otto von Bismarck benannt wurde der Fels zu deutschen Kolonialzeiten – angeblich, weil er genauso unerschütterlich war wie der Kanzler des Deutschen Reichs. Im Licht des Sonnenuntergangs ein besonders schöner Anblick, vor allem im nahen Rock Beach Garden Hotel. *Post Street*

Das Ufer des Viktoriasees kann auch mal felsig werden, wie hier bei Mwanza

BUJORA SUKUMA MUSEUM

In diesem Museumsdorf werden Architektur, Kultur und der Alltag der Sukuma, Tansanias größter Bevölkerungsgruppe, vorgestellt. Lass dir die spektakuläre Performance einer traditionellen Tanzgruppe nicht entgehen! Die sollte man zuvor per Mail oder Telefon buchen *(sukumamuseum.org). Mo–Sa 8–18, So 13–18 Uhr | Eintritt 8000 TSh | 20 km vom Stadtzentrum entfernt an der Hauptstraße nach Musoma | Tel. 0765 66 76 61*

KIRUMBA-HAFEN

Nordöstlich des Zentrums liegt der Hafen von Kirumba, wo Fischer bei Sonnenaufgang mit ihren traditionellen *Dhows* (Segelbooten) aufbrechen und ab Mittag zurückkehren, um ihren Fang zu verkaufen. Auch die Werft von Mwanza befindet sich hier, deshalb liegen immer Fischerboote an Land. *Makongoro Road*

ESSEN & TRINKEN

KULINEA PIZZERIA

Beliebtester Italiener der Stadt und Treffpunkt der Expat-Community. Zu empfehlen sind die Pizzen und die Sandwiches. *Tgl. 9–21 Uhr | Post Street | Tel. 028 2 56 05 66 | €*

SPORT & SPASS

BOOTSTOUR

All die kleinen Inseln vor Mwanza und die Vögel und Echsen, die dort leben, kannst du per Boot erkunden. Gabriel *(Tel. 0769 41 45 05)* organisiert Touren (Boote sind überdacht) und einen Besuch auf dem Fischmarkt. Treffpunkt ist am Bismarck Rock. *Kosten: ca. 25 US$ pro Person*

AUSGEHEN & FEIERN

HOTEL LA KAIRO

In der Hoteldisko tanzen am Wochenende die Einheimischen bis in die frühen Morgenstunden. Unbedingt ein Taxi nehmen (ca. 3000 Schillinge)! *Kirumba Av. | Tel. 028 2 50 03 45*

RUND UM MWANZA

1 RUBONDO ISLAND

30 Min. mit dem Flugzeug

Die Insel, gut 200 km westlich von Mwanza im Viktoriasee, ist einer der am wenigsten besuchten Nationalparks Tansanias. Dabei ist das Eiland der beste Spot in Tansania für Vogel- und Schmetterlingsliebhaber, Wanderer und Sportfischer. Rubondo selbst ist vor allem von dichtem Tropenwald bedeckt, dazwischen erstrecken sich Sumpf und Savanne.

In den 1970ern war Rubondo Schauplatz eines zoologischen Experiments: Auf Initiative von Bernhard Grzimek wurden diverse Tierarten ausgesetzt, unter ihnen Nashörner und Elefanten. Besonders umstritten war die Aussiedlung von 17 Zoo- und Zirkusschimpansen. Zwei Schimpansen haben Menschen angegriffen und wurden erschossen.

Ein Charterflug für vier Personen ab Mwanza kostet rund 500 US$. Am meisten lohnt sich ein Besuch in der Trockenzeit (Jan./Feb. oder Juni–Sept.). *Eintritt 30 US$ pro Tag*

Die meisten Unterkünfte auf der Insel sind im hohen Preissegment angesiedelt. Sie bestehen aus luxuriösen *Bandas* (Häuser im landestypischen Stil) in traumhafter Lage. Exkursionen auf und um die Insel buchst du am besten mit deiner Unterkunft vor Ort. D2

SERENGETI NATIONAL PARK

(E–F 2–3) **Die ★ ⚑ Serengeti ist der Inbegriff eines afrikanischen Nationalparks: Auf der Fläche Schleswig-Holsteins tummeln sich aktuellen Zählungen zufolge 2 Mio. Gnus, 900 000 Thompson-Gazellen und 300 000 Zebras.**

Diese Masse ernährt zahlreiche Jagdtiere – in keinem Park der Welt ist ihre Konzentration so hoch: Mehr als 300 Löwen leben alleine auf dem *Seronera-Plateau*, dem gut besuchten Zentrum des Parks, insgesamt sind es 4000. Dazu kommen Geparden und Hyänen. Die 2700 Elefanten gehen in der Weite fast unter. Selbst die von Wilderern nahezu ausgerotteten Nashörner leben inzwischen wieder in der Serengeti, seit einzelne Tiere aus Südafrika von der Nationalparkverwaltung und der Frankfurter Zoologischen Gesellschaft wieder angesiedelt wurden.

Siringet nennen die Massai den Park, in ihrer Sprache bedeutet das: endlose Ebene. Der deutsche Geologe Fritz äger schrieb 1911 nach Hause: „Ein Meer aus Gras, Gras und noch mal Gras. Man sieht sich um und sieht nichts als Gras und Himmel."

Fast 100 Jahre später hat sich nichts daran geändert. Im Herzen der Serengeti, auf dem etwa 1500 m hoch gegenen Seronera-Plateau, durchsetzen Schirmakazien die hügelige Savanne. Nur das Ufer des Seronera-Flusses ist von dichtem Wald gesäumt.

Nach Norden hin weicht das Gras Dornbuschsavannen und Akazienwäldern, durchbrochen von vielen saisonalen Flussläufen. Nur selten kommen Besucher hierher, und die vereinzelten Camps verlieren sich in der Weite des Landes westlich der *Lobo Hills,* welche die Parkgrenze markieren. Die von Hügeln und Wäldern durchzogene Ebene des westlichen Korridors ist das Land der Büffel, Impalas und Giraffen.

Die Serengeti solltest du unbedingt besuchen, egal zu welcher Jahreszeit. Jeder Korridor hat seine eigene Saison, zu der die Tiere ihn durchwandern. Man sollte so viel Zeit wie möglich einplanen, rechne mit mindestens zwei Nächten an einem Ort. Fotosafaris in die Serengeti starten in der Regel von Arusha oder Moshi aus, die Anfahrt von Arusha dauert einen Tag. Du kannst selbst einen Wagen mieten (mit oder ohne Fahrer), wesentlich einfacher – und wahrscheinlich billiger – ist allerdings eine organisierte Pauschaltour. Die meisten Veranstalter planen wegen der langen Anfahrt mindestens eine Nacht am Ngorongoro-Krater ein.

Fotoshooting in der Serengeti: Die Guides wissen, wo die Geparden zu finden sind

Die billigste Möglichkeit, in der Serengeti ein Dach über den Kopf zu bekommen, ist das *rest house (1 km von der Seronera Lodge entfernt | reservieren auf tanzaniaparks.com)* der tansanischen Nationalparkbehörde Tanapa mit drei einfach ausgestatteten Zimmern. Essen gibt es in den nahen Restaurants und Shops. Auf den Campingplätzen der Serengeti *(public campsites)* kann man außerdem für 30 US$ sein Zelt aufschlagen und die Toiletten und Duschen benutzen. Die Plätze befinden sich am Ndabaka Gate im Westen, in Lobo im Norden und (mehrere) im Seronera Valley. Trau dich was: Am Rand des Empakaai-Kraters kannst du – in Begleitung der Wildhüter – sogar draußen schlafen.

INSIDER-TIPP
Wildcampen am Vulkan

Lebensmittel, Wasser und alles andere muss hierfür selbst mitgebracht werden.

Die Verwaltung des Nationalparks (mit angeschlossenem Informationszentrum) befindet sich auf dem Seronera-Plateau, nicht weit von der *Seronera Wildlife Lodge (Tel. 02 2 54 45 95 | hotelsandlodges-tanzania.com)* entfernt.

Das Plateau ist meist auch die Basis für kürzere Safaris und Rundfahrten durch den Park. Für eine Erkundungstour kannst du selbst einen Wagen mieten (ein Fahrer ist dabei inbegriffen). Aber einfacher und billiger ist auch hier eine organisierte Pauschaltour, die man schon von Europa aus oder vor Ort buchen kann. *Eintritt 70 US$ pro Tag | serengeti.org*

BERNHARD GRZIMEK

Ohne ihn wäre die Serengeti wohl kein Nationalpark: Bernhard Grzimek, Verhaltensforscher und Direktor des Frankfurter Zoos, setzte sich mit Verve für die Serengeti ein. Seine oscarprämierte Dokumentation „Serengeti darf nicht sterben" machte die Steppe und ihre wandernden Herden weltberühmt und ermöglichte die Schutzzone der bedrohten Tierarten, den Nationalpark. Für Grzimek selbst endeten die Dreharbeiten tragisch: Sein Sohn Michael verunglückte bei einem Flugzeugabsturz tödlich. Er wurde am Rand des Ngorongoro-Kraters begraben; heute steht dort zum Gedenken eine Steinpyramide. Vater Bernhard setzte nach dem Tod des Sohnes die gemeinsame Arbeit für den Schutz der Serengeti fort. Grzimeks persönliche Freundschaft zu Tansanias Gründungspräsident Julius Nyerere trug maßgeblich dazu bei, dass die Parkgrenzen nach ökologischen Kriterien festgelegt wurden. Außerdem besorgte er das nötige Geld: Die Frankfurter Zoologische Gesellschaft unterstützt die Serengeti bis heute – Grzimek war lange Präsident der Naturschutzorganisation. Als der Tierschützer 1987 starb, wurde seine Urne nach Tansania überführt. Bernhard Grzimek wurde neben seinem Sohn Michael beigesetzt.

Zur Great Migration überquert eine riesige Gnuherde den Mara River

SIGHTSEEING

FORT IKOMA

Das von der deutschen Kolonialarmee am Grumeti-Fluss errichtete Fort war einer der entlegensten Außenposten der deutschen Schutztruppen. Mit der Außenwelt konnten die Soldaten nur bei klarem Wetter kommunizieren: Mit Hilfe von Spiegeln gaben sie Lichtzeichen an den nächsten Posten weiter. Heute ist die Ruine dank des Klimas immer noch gut erhalten und ein malerischer Zwischenstopp auf dem Weg in den westlichen Korridor oder nach Norden. *Nördlich der Seronera Wildlife Lodge*

MORU KOPJES

Die gigantischen Granitbrocken, die sich aus dem Grasmeer mitten in der Serengeti erheben, sind nicht nur aus der Ferne faszinierend anzusehen. An ihrem Fuß kannst du etwa hundert Jahre alte Zeichnungen der Massai entdecken: Tiere, jagende Menschen und Waffen. Auf einem der anderen Kopjes befindet sich ein Gong aus Stein, der von den Vorfahren der Massai benutzt worden sein soll. Der Aufstieg ist steil, dauert aber nicht lange. *Eine Autostunde südlich der Seronera Wildlife Lodge*

INSIDER-TIPP
Geschichten am Fels

TIERWANDERUNG

Die *Great Migration* genannte Tierwanderung ist ein wahres Weltwunder. Wer einmal die rastlos dahinziehenden Massen von Gnus, Gazellen und Zebras gesehen und gespürt hat, wie unter ihren Hufen die Erde erbebt, wird das Erlebnis nie wieder vergessen. Die Herden sind gute Wanderer: Bis zu 50 km am Tag können Gnus mühelos zurücklegen. Abgesehen von den Monaten August bis September, wenn sich die Herden in der nördlich gelegenen Massai Mara in Kenia aufhalten, sind die Tierwanderungen stets zu sehen: Du musst nur am richtigen Ort sein.

Ende Oktober, wenn neuer Regen in der Serengeti ansteht, ziehen die Herden durch den Norden des Parks zurück. Im Lauf des Dezembers erreichen sie den Süden des Schutzgebiets, wo zu diesem Zeitpunkt schon der erste Regen gefallen ist. Das jetzt sprießende junge Gras ist die Hauptnahrung der Gnus, die im Februar massenweise ihre Jungen zur Welt bringen; Zebras kalben gut einen M nat früher. In dieser Zeit (Dezemb bis März) bieten der Süden der Sere geti und das Seronera-Plateau di spektakulärsten Sichtfenster, wen die ganze Masse der Herden hier ve sammelt ist.

Mit Beginn der Trockenzeit Ende M ziehen die Herden in riesigen Züge zurück Richtung Norden und passi ren dabei den westlichen Korridor zwischen Mai und Juli ist hier die be te Besuchszeit. Die eindrucksvolle Überquerungen des Mara-Flusse (die Tierkolonnen sind bis zu 40 kr lang!) im äußersten Norden des Park sind im Juli und August zu bestauner Krokodile und andere Jäger genieße in dieser Zeit ein Festmahl.

Was genau die Tiere bei ihrer Wande rung antreibt, ist immer nocht nich

DIE MASSAI

Blut trinkende Krieger, die Löwen besiegen! Erhabene Kämpfer, die nur töten, um ihr eigenes Leben zu retten! All die Heldengeschichten, die sich um das Volk der Massai im Norden Tansanias und in Kenia ranken, haben es zu einem der bekanntesten Afrikas gemacht. Aber das Leben der Massai ist heute alles andere als heroisch: Ein Großteil der Felder, über die sie einst mit ihren Viehherden zogen, ist längst privatisiert. Infolge des Klimawandels verdörrt die Steppe – es gibt nicht mehr genug zu fressen für die Tiere. Deshalb sind fast alle Massai sesshaft geworden. Die Männer sind nun gezwungen, in den Städten nach Arbeit zu suchen. Doch fast keiner spricht Suaheli oder Englisch. Auch schicken nur wenige der etwa 140 000 Massai in Tansania ihre Kinder in eine Schule – lieber klammern sie sich weiter an Traditionen fest, die längst überkommen sind. Zumindest verstehen sie es aber, diese Traditionen zu vermarkten: Entlang der Hauptrouten zur Serengeti wirst du touristisch organisierte Massai-Dörfer, sogenannten „cultural villages", entdecken. Dort wird man dir Tierzähne und Speere vorführen – und die alten Heldengeschichten aufleben lassen.

Schöne Aussichten: Bei einer Ballonsafari kannst du die Tierherden von oben beobachten

erforscht. Fest scheint zu stehen, dass die Gnus bestimmten Grasarten folgen, die nur in der Regenzeit wachsen. Einen guten Überblick über die Migration gibt die von Hand gezeichnete Karte des Nationalparks (erhältlich in Arushas Buchläden). Den aktuellen Stand der Wanderung erfährst du in den Unterkünften oder im Internet unter *discoverafrica.com/herdtracker*.

SPORT & SPASS

BALLONSAFARI ★

Es ist wie ein Blick direkt aus dem Himmel: am frühen Morgen über die Herden hinwegzuschweben, die Lautlosigkeit nur ab und zu vom Fauchen des Gasbrenners unterbrochen, das ist ein einmaliges Erlebnis. An klaren Tagen reicht der Blick vom Heißluftballon bis zum Ngorongoro-Krater. Und dann – Champagnerfrühstück im Busch! Neugierige Affen und andere tierische Besucher inklusive. Die Touren starten vor Sonnenaufgang an der *Seronera Lodge*. Wer in der nahen Serena Lodge wohnt, wird zum Startplatz gebracht. Im westlichen Korridor startet in der Hochsaison ein Ballon nahe des Grumeti Camps. *Serengeti Balloon Safaris | Tel. 027 2 54 89 67 | balloonsafaris.com | 599 US$ pro Person*

WANDERN

Statt die Big Five zu sehen, geht es bei dieser Safari auf die Suche nach den nicht weniger spannenden Small Five: Elefantenspitzmaus, rotschnabliger Büffelwebervogel, Elefantenlöwe, Leopardenschildkröte und Nashornkäfer. Ein örtlicher Führer weiß, wo. Diese Art der Safari ist eine willkommene Abwechslung zu den *Game Drives* mit dem Auto und lässt sich bei jeder Lodge, die *Game Walks* anbietet, organisieren. Der Preis ist Verhandlungssache.

NGORONGORO CONSERVATION AREA

(📖 F-G 2-3) **Nirgendwo sonst in Afrika leben so viele Tiere auf so engem Raum wie im ★ Krater des erloschenen Ngorongoro-Vulkans, dem größten der Riesenkrater am östlichen Rand der Serengeti.**

Das Wort Riesenkrater ist wörtlich zu nehmen: Ganz Berlin hätte darin Platz. Wenn man beim Sonnenuntergang am Kraterrand hinunterschaut in den blutrot eingefärbten Kessel, sehe ganze Tierherden aus wie eine Grup pe von Ameisen.

Der 600 m tiefe Krater ist Teil eine weitaus größeren Schutzgebiets: Di gesamte *Ngorongoro Conservatio Area* umfasst eine Zone von 8300 km (der berühmte Krater selbst miss 300 km^2). Ngorongoro ist ein einzig artiger Zusammenschluss verschiede ner Ökosysteme. Wüstenartige Savan nen treffen hier auf immergrüne Bergwälder, es gibt nährstoffarme Heidelandschaften und fruchtbare mit Seen und Sümpfen gespickte Kraterböden. Und es gibt archäologi sche Fundorte wie die Olduvai Schlucht, die darauf verweisen, dass dieser Landstrich über Jahrmillionen von unseren Vorfahren besiedelt wurde.

Die Ngorongoro Conservation Area ist das einzige Schutzgebiet Tansanias aus denen die einheimischen Massai nicht vertrieben wurden. Leg an ei

In der Ngorongoro Conservation Area gibt es noch einige Dörfer der Massai

…nem der Massai-Bomas eine Pau…e ein und lerne die Lebensweise und Philosophie eines der ältesten Nomadenvölker der Welt kennen – mit Daniel *(Tel. 0764 72 84 56)*, dem engagierten und passionierten Vorstand einer der Massai-Gemeinden im Krater.

…ER-TIPP
Bürger…ister statt …afarifirma

Das Ngorongoro-Schutzgebiet ist von Arusha aus in drei bis vier Stunden über eine der besten Straßen des Landes zu erreichen. Die autobahnähnliche Schnellstraße führt bis zum Parkeingang. Der Besuch des Kraters ist meist Bestandteil einer gebuchten Serengeti-Safari. Wenn du über Nacht bleibst, solltest du in einer der Lodges am Kraterrand übernachten und ein Zimmer mit Blick in den Krater verlangen – der Ausblick bei Sonnenaufgang ist sensationell! *Eintritt 70 US$ pro Tag, plus eine Gebühr von 300 US$ pro Wagen*

SIGHTSEEING

NGORONGORO-KRATER

Wer den Boden des Kraters erreicht, begreift, warum Ngorongoro auch als „Achtes Weltwunder" oder „Arche Noah" bezeichnet wird: Hier unten leben 25 000 bis 30 000 Tiere in einem einzigartigen Refugium. Der Krater birgt eine ungeheure Artenvielfalt, geschützt vor der Außenwelt von der steil aufragenden Kraterwand.

Ngorongoro wurde vor 2,5 Mio. Jahren bei einem gewaltigen Vulkanausbruch gebildet und misst im Durchmesser rund 20 km. Im Inneren befindet sich der *Lake Magadi*, auf dem sich in der Trockenzeit Flamingos und zahlreiche andere Vogelarten sammeln. Im *Lerai Forest* leben Wasserböcke und Elefanten. Die größte Attraktion des Kraters sind jedoch die Raubkatzen: Löwen und Geparden gibt es hier unten wahrhaft in Massen, ebenso wie Hyänen und Schakale. Selbst die fast ausgestorbenen Nashörner, manchmal sogar in Gruppen, sind im Krater mit etwas Glück auszumachen.

INSIDER-TIPP
Hab den Krater (fast) für dich

Um dieses Naturwunder zu sehen, unternehmen jedes Jahr Hunderttausende eine Kratersafari. Es lohnt sich deshalb, bereits um 6 Uhr loszufahren. Dann erlebst du die Zeit kurz nach Sonnenaufgang, hast besseres Licht zum Fotografieren und kannst rechtzeitig vor der Mittagshitze wieder oben sein. Achtung: Wer nicht individuell mit dem eigenen Auto unterwegs ist, muss die Safari bereits vor der Anreise bei seinem Veranstalter buchen.

OLDUVAI-SCHLUCHT

Hier hat der Mensch den aufrechten Gang gelernt: In der Schlucht zwischen Ngorongoro und Serengeti stießen Archäologen im 20. Jh. auf hominide (menschenartige) Fossilien, die über 3 Mio. Jahre alt sind. Der berühmteste Fund ist der 1,8 Mio. Jahre alte, affenähnliche Schädel des *Australopithecus boisei*, wegen seines massiven Unterkiefers auch kurz der *Nussknackermensch* genannt. Die Paläontologin Mary Leakey entdeckte

den Schädel 1959. 1978 gelang der Forscherin eine weitere Sensation: Sie fand 3,7 Mio. Jahre alte Fußabdrücke von Hominiden, die offensichtlich aufrecht über frische Vulkanasche gelaufen waren. Die Abdrücke härteten in der Sonne aus, wurden von nachfolgendem Ascheregen überdeckt und blieben so bis heute erhalten.
Die Ausgrabungen dokumentiert ein exzellentes Museum *(tgl. 8–14.30 Uhr | Eintritt 3000 TSh | Tel. 027 2537037, 0754 370023)*. Zu sehen sind dort allerdings nicht die Originalfunde, sondern Gipsimitate. Die 50 km lange Olduvai-Schlucht kannst du nur in Begleitung eines Museumsmitarbeiters besichtigen. Vom Aussichtspunkt neben dem Museum hat man einen guten Blick auf die von Forschern freigelegten Gesteinsschichten.

OLMOTI- & EMPAKAAI-KRATER

INSIDER-TIPP
Weitblick ohne Menschenmassen

Mit Ausnahme des Ngorongoro wird das abgelegene Kraterhochland nur wenig besucht. Am Krater Olmoti (3099 m) und Empakaai (3231 m) bist du völlig alleine unter Tieren. Der Empakaai ist die Heimat zahlreicher Antilopen, Wasservögel und Affen, an klaren Tagen siehst du von seinem Kraterrand aus den Ol Doinyo Lengai. Beim Fußmarsch auf den üppig grünen Olmoti entdeckst du am Kraterrand einen kleinen Wasserfall. Vor beiden Kratern befinden sich Rangerposten. Die Straße dorthin erreicht man von der Ngorongoro Sopa Lodge. Von den Rangerposten aus musst du – in Begleitung eines bewaffneten Wildhüters – laufen. Oder du buchst die Tour von Moshi oder Arusha aus bei einem Safariveranstalter.

RUND UM NGORO-NGORO

2 KAFFEEFARM AM NGORONGORO

Ca. 20 Min. mit dem Auto

Die fruchtbaren Böden wenige Kilometer vom Eingang zur Ngorongoro Conservation rund um den Riesenkrater sind bestes Anbaugebiet. Besuchen kannst du die Kaffeefelder zu Fuß mit Guide von der *Plantation Lodge (Reservierung unter Tel. 0784 397444 | plantation-lodge.com)*: Die wurde 1998 von einem Ehepaar aus Deutschland im Stil eines Bauernhauses gebaut, der heute als „deutsche Kolonialzeit" beschrieben wird. *F3*

LAKE NATRON

(G2) **Im äußersten Norden, nahe der kenianischen Grenze, glitzert in der Sonne der Natronsee. Das stark alkalische Gewässer ist bekannt für seine Scharen von Flamingos, die am Ufer nisten.**

Flamingo Road: Hunderttausende der rosaroten Vögel bevölkern den Lake Natron

Der flache See selbst ist starken Schwankungen unterworfen. Während und nach der Regenzeit wächst er auf über 1000 km² an, schrumpft aber in regenarmen Monaten bis auf wenige Quadratkilometer zusammen. Zurück bleiben dicke Salzkrusten. Durch Algen verfärbt sich das verbliebene Wasser zwischen diesen Sodaschichten purpurrot – ein faszinierendes Naturschauspiel.

Die ausgedörrte und sonnenverbrannte Landschaft rund um den See gehört zu den weltweit größten Brutstätten für Zwergflamingos, die ihren Nachwuchs hier ohne Angst vor Fressfeinden aufziehen können. Bis zu 2,5 Mio. der rosaroten Tiere bevölkern den Lake Natron zur Brutzeit zwischen August und Oktober.

Wer die Tiere beobachten will: Von der kleinen Ortschaft *Ngare Sero* aus sind es etwa 5 km bis zu einem Parkplatz, von dem mehrere Wanderwege zum Seeufer und zu heißen Quellen führen. Örtliche Fahrer kennen zudem viele Geheimwege und wissen auch, wo der sichere Boden der brüchigen Seeoberfläche weicht. Frag in Ngare Sero oder im *Lake Natron Camp (lake-natron-camp.com)* nach geeigneten Führern. Die Preise sind Verhandlungssache. *Gebühr (Conservancy Fee) 35 US$*

SPORT & SPASS

NGARE-SERO-WASSERFALL

Versteckt in einer Schlucht, gut eine Stunde Fußmarsch vom in Ngare Sero ausgeschilderten Campingplatz entfernt, schießt ein Fluss in einem schillernden Wasserfall vom kenianischen Nguruman-Plateau herab. Am

Fuß des Wasserfalls befindet sich ein kleiner Pool, in dem du planschen kannst. Der Weg zum Wasserfall geht über Stock und Stein, die Wanderung ist nur mit einem einheimischen Führer (über *lake-natron-camp.com* buchen), viel Trinkwasser und angemessener Kondition zu empfehlen.

OL DOINYO LENGAI

Von allen Vulkanen entlang des Großen Afrikanischen Grabenbruchs im Kraterhochland ist der Ol Doinyo Lengai (2878 m) der einzige noch aktive. Den Massai gilt der imposant aufragende Berg als heilig – in ihrer Sprache bedeutet sein Name „Berg der Götter". Bricht der Ol Doinyo Lengai aus, symbolisiert das für die Massai den Zorn der Götter. Tatsächlich dampft der Vulkan immer noch, letzte heftige Eruptionen gab es im Jahr 2008. Wer die besondere Herausforderung sucht, bucht sich einen Führer und erklimmt den Gottesberg – eines der anspruchsvollsten und spannendsten Trekkingziele Tansanias, fernab der Touristenströme.

INSIDER-TIPP
Spür den Zorn der Götter

LAKE MANYARA

(📖 F–G3) **Eine dramatischere Lage kann man sich kaum vorstellen: Der Nationalpark liegt am Fuß eines 600 m höher aufragenden Plateaus.**

Auf engstem Raum (der Park ist gerade mal 330 km² groß) drängt sich eine erstaunliche Vielfalt an Ökosystemen und Tierarten. Der Lake Manyara befindet sich zwischen Arusha und dem Ngorongoro-Krater. Viele Safariveranstalter machen hier einen Zwischenstopp.

Zwei Drittel des Parks nimmt der – leider immer stärker austrocknende – See ein. 380 verschiedene Vogelarten hat man hier gezählt. Am südlichen Ende des Parks, wo sich mehrere heiße Quellen befinden, landen immer wieder Flamingoschwärme. Wegen seiner günstigen Lage halten viele Safariveranstalter hier. Wer den Touristenströmen entkommen will, wendet sich an das Manyara-Süd-Gate. Gemeinsam mit dem 2015 eröffneten Sangaiwe Gate des Tarangire Nationalparks bietet es eine Rundtour an, die in die entlegensten Parkteile führt.

INSIDER-TIPP
Abseits aus getretener Pfade

Bekannt gemacht haben den Park vor allem seine einzigartigen Löwen. Sie klettern wie Leoparden auf die Akazien, um dort in luftiger Höhe zu schlafen – ein völlig atypisches Verhalten! Die Gründe dafür sind bis heute nicht geklärt.

Im Park lebt auch eine große Elefantenpopulation: Die dichte Vegetation am Lake Manyara ist für sie ein Festschmaus. Beim *game drive* – der Safarifahrt im Geländewagen – wirst du mit Sicherheit welche entdecken. *Eintritt 53 US$ pro Tag*

Eine Jeeptour – hier im Tarangire-Nationalpark – ist der Klassiker aller Fotosafaris

SPORT & SPASS

BOOTSAFARI

Nicht nur für Honeymooner: Bei einer Bootsfahrt über den Lake Manyara erlebst du den See mittendrin. Mit etwas Glück kannst du sogar Elefanten oder Giraffen dabei zusehen, wie sie durchs Wasser waten. Kamera nicht vergessen! Touren organisiert *parks adventure.com* und die *Lake Manyara Serena Lodge (Tel. 0787 44 40 03 | serenahotels.com).*

MOUNTAINBIKING

Eine Radtour entlang des Sees ist nicht nur eine tolle Abwechslung zu den *game drives*, bei denen man die meiste Zeit im Auto sitzt. Lass dich von dem atemberaubenden Blick auf das Rift Valley überraschen! *Tel. 0786 44 74 33 | tanzania-specialist.com*

TARANGIRE NATIONAL PARK

(▥ G3–4) **Für viele Tansanier ist es der schönste Park ihrer Heimat, und auch die meisten Urlauber sind von ★ Tarangire überwältigt.** Dass der mitten im Great Rift Valley gelegene Park bis heute nur wenig besucht wird, macht sicher einen beträchtlichen Teil seines Charmes aus. Weite Teile des 2600 km² großen Parks sind ungezähmte Wildnis. Abseits der Safaripfade und nahe der Lodges, die sich kurz hinter dem Parkeingang im Norden konzentrieren, erstrecken sich menschenleere Wälder und Sümpfe, in denen sich Nilpferde suhlen.

Eine von mehr als 200: Felszeichnungen in Kolo

Tarangire hat seine eigene Tierwanderung – die Größe der Herden, die zwischen August und November im Park zu sehen sind, wird nur von denen der Serengeti übertroffen. 3000 Elefanten, 25 000 Gnus und 30 000 Zebras sammeln sich in der Trockenzeit (von August bis Oktober) am Tarangire-Fluss und den Wasserlöchern der Umgebung. Nach Beginn der Regenzeit ziehen die Tiere im Dezember über Lake Manyara weiter bis zum Amboseli-Nationalpark in Kenia. In der Regenzeit, in der alles blüht, kannst du in Tarangire Myriaden von Vögeln (500 Arten) und Schmetterlingen beobachten.

„Land der Riesen" wird Tarangire auch genannt, wegen der großen Elefantenherden und der Afrikanischen Affenbrotbäume (Baobabs). Schon hundert Jahre alte Exemplare haben oft einen Stammumfang von 10 m – und sie können bis zu 3000 Jahre alt werden. Das poröse Holz kann Hunderte Liter Wasser speichern. Die riesigen Baobabs dienen vielen Tieren als Unterschlupf und ihre lang gezogenen Früchte werden von Naturvölkern als Kalebassen genutzt, die Kerne und das Fruchtfleisch werden gegessen.

Das Eingangstor und der Hauptsitz der Nationalparkverwaltung liegen im Nordwesten, zusammen mit einem Besucherzentrum, das du unbedingt besichtigen solltest. Seit 2015 gibt es ein zweites Eingangstor, das eine reizvolle Kombination mit dem Südeingang des Manyara-Nationalparks ergibt. Von Arusha aus ist der Park mit dem Auto in knapp drei Stunden erreicht. *Eintritt 53 US$ pro Tag*

SIGHTSEEING

LAKE BURUNGI

Der flache Sodasee gleich hinter der westlichen Parkgrenze ist zwischen Juli und November von Flamingos bevölkert. Im Hintergrund bricht der ostafrikanische Graben auseinander. Entlang des Ufers breiten sich ausufernde Wälder von Euphorbien aus. Die Pflanzen können bis zu 10 m hoch werden. Hier gibt es zahlreiche Kudus (eine Antilopenart) und Buschböcke zu sehen.

SPORT & SPASS

VÖGEL BEOBACHTEN

Der Tarangire-Nationalpark ist besonders attraktiv für Vogelliebhaber. Zu beobachten gibt's gelbe Wellensittiche, Helmperlhühner und verschiedene Arten von Schwalben. Organisiert werden die Touren von fast allen Unterkünften vor Ort.

WANDERN

Die intensivste Art und Weise, Tarangire zu erfahren, ist zu Fuß: Ob eine Stunde oder drei Stunden, ob es auf einen der Berggipfel gehen soll oder durch ein Tal – all das entscheidest du. Trekkingtouren mit einheimischen Guides organisiert zum Beispiel das *Naitolia Camp (tarangirenationalpark.com)*.

RUND UM DEN TARANGIRE NATIONAL PARK

3 FELSMALEREIEN IN KOLO

Ca. 3 Std. mit dem Auto

Drei Stunden südlich von Tarangire, Richtung Babati und Dodoma, erstreckt sich die größte Sammlung von Felsmalereien in diesem Teil Afrikas: Mehr als 200 Zeichnungen sind auf den Hügeln und in den Grotten rund um das Dorf Kolo zu besichtigen. Besonders gut erhalten und beeindruckend sind die Tänzer von Kolo *(mungomi wa kolo)* auf dem Ichoi-Hügel, etwa 10 km von Kolo entfernt. Die zwischen 200 und 4000 Jahre alten Zeichnungen wurden mit Farben gemalt, die u. a. aus Blättern gewonnen wurden. Über die Bedeutungen der Bilder rätseln Forscher bis heute. An der Hauptstraße gibt es ein kleines Museum, hier kannst du auch Führer engagieren. Die Malereien können von Tarangire aus als Tagesausflug besucht werden. Da die einzelnen Höhlen einige Kilometer voneinander entfernt liegen, brauchst du ein Fahrzeug. Rechne mit 250 US$ für Fahrer, Sprit und Auto für einen ganzen Tag. *africanrockart.org* | *F-G4*

SCHÖNER SCHLAFEN IN MWANZA

FÜR HAUSBOOT- UND FILMFANS

Aufwachen mit Blick auf den Viktoriasee, 1 km außerhalb von Mwanza. Die Zimmer des *Tilapia Hotels* sind gemütlich eingerichtet – wer will, kann auch auf dem Hausboot übernachten. Filmfans dürfen hier auch einfach mal reinschauen: das Boot ist angeblich das Original-Dampfschiff aus dem Film „African Queen" mit Humphrey Bogart und Katharine Hepburn, der in den 1950ern in Uganda gedreht wurde. Die drei angeschlossenen Restaurants gehören zu den besten der Stadt. *40 Zi.* | *Capri Point/Station Road* | *Tel. 028 2 50 05 17* | *hoteltilapia.wixsite.com* | *€*

RUND UM DEN KILIMANDSCHARO

SCHNEEBEDECKTER RIESE AM ÄQUATOR

Ganz früh am Morgen ist er besonders eindrucksvoll: Dann glüht die Schneekappe des Kilimandscharo im roten Licht des Sonnenaufgangs und lässt die ganze Faszination spüren, die Afrikas höchster Berg nicht nur auf Bergsteiger ausübt.

Das Aufstehen zu unchristlicher Zeit lohnt sich: Schon ab dem späten Vormittag ist die Spitze des höchsten Bergmassivs Afrikas meist bis zur Dämmerung unter Wolken verborgen. Der Aufstieg bis zum 5895 m hohen Gipfel ist selbst ohne alpinistische Erfahrung mög-

Riesiges Kreuzkraut vor dem schneebedeckten Kilimandscharo

lich. Einsamer als der Kilimandscharo ist der Mount Meru (4566 m), Tansanias zweithöchster Berg, der sich inmitten der tierreichen Savanne des Arusha-Nationalparks erhebt.

Wenn dir eine Bergtour im Urlaub zu anstrengend ist, dann solltest du zumindest über die unteren Hängen wandern – die Landschaft ist einfach grandios.

RUND UM DEN KILIMANDSCHARO

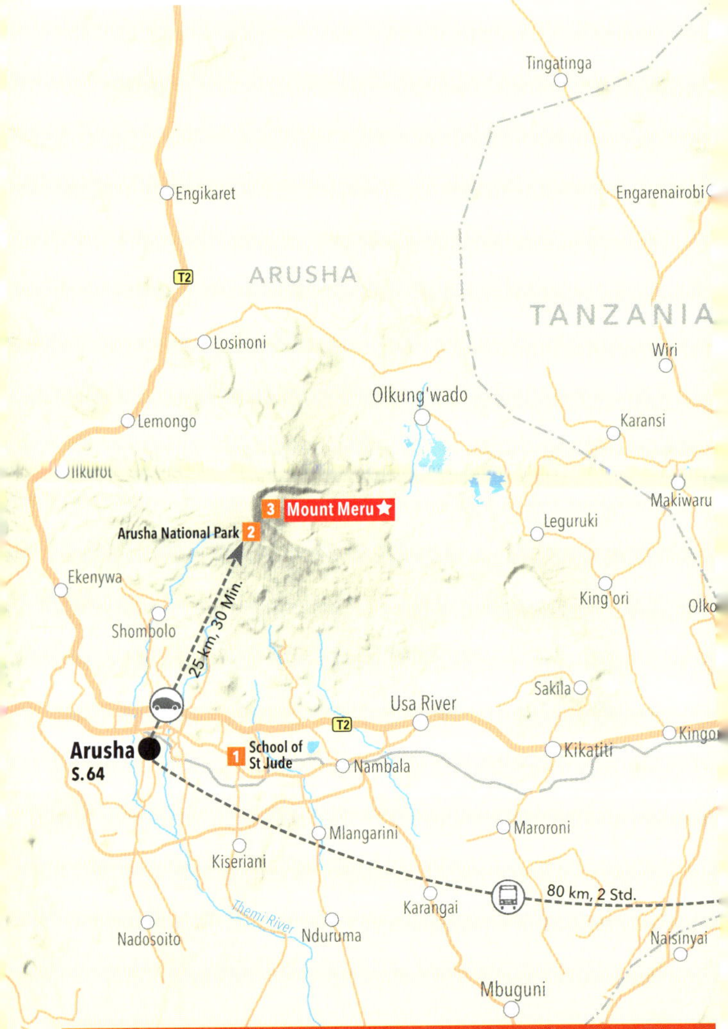

MARCO POLO HIGHLIGHTS

★ **MOUNT MERU**
Einsame Gipfeltour mit mit atemberaubenden Kili-Ausblicken ➤ S. 67

★ **KILIMANDSCHARO NATIONAL PARK**
Einmal auf das Dach Afrikas steigen: Im Nationalpark geht der Traum in Erfüllung ➤ S. 67

Kitenden
Irkaswa
KENYA
Olmolog
C103
Loitokitok
Mbomai
Kilimandscharo National Park
S. 67
KILIMANJARO
Mbweera
Uduru
Kibosho
Mruwia
Marangu
Kwasadala
Ngoma Ng'ombe
T2
Weruweru
T21
Soweto
Moshi
S. 71
Sango Street
Kikafu
Sanya Station
Pasua
Himo
Rundugai
Kiyungi
Kisangesangeni
Chekereni
Ghona
Kifaru
Kiwoi
Kikuletwa
Handeni
T2
MANYARA
Msitu wa tembo
Nyumba ya Mungu Res.
10 km
6.21 mi
Lang'ata Bora

ARUSHA

(▯ G3) **Tansanias Safarihauptstadt (400 000 Ew.) ist voll von Spuren der Kolonialzeit, als von der hiesigen Piste Versorgungsflugzeuge in den umliegenden Busch starteten.**

Die im üppigen Grün gelegene Stadt ist Startpunkt für eine Fülle von Touristenattraktionen im Land. Arusha ist das Tor zur Serengeti und zu den nördlichen Nationalparks. Und obwohl vom Kilimandscharo weiter entfernt als etwa Moshi, ist Arusha auch eine wichtige Basis für die Organisation von Wanderungen auf den höchsten Berg Afrikas. Darüber hinaus ist die Stadt am Fuß des Mount Meru gesäumt von Kaffeeplantagen.

Arusha liegt auf knapp 1500 m, deshalb wird es abends frisch – im Juni sinkt das Thermometer manchmal auf 9 °C. Deshalb vergiss nicht, einen Pulli oder eine Regenjacke einzustecken. Wenn du vor Ort eine Tour organisieren willst, werden dir schnell die Schlepper auffallen, die einen überall in der Stadt von der Straße weg zu einem bestimmten Veranstalter zerren: Arusha ist die Hochburg solcher Kundenfängerei. Am besten, du ignorierst diese Männer. Die vermeintlichen Schnäppchen sind meist windige Angebote.

Auch wenn Arusha für viele eine Durchgangsstation ist, ist das grüne Hochland der Umgebung durchaus ein paar Tage Urlaub wert. Viele Inns und Lodges jenseits der Stadtgrenze erinnern an die Höfe, die die europäischen Siedler hier einst errichtet haben.

SIGHTSEEING

GERMAN BOMA

Das 1886 errichtete deutsche Fort – heute Boma, „Haus" auf Suaheli, genannt – ist ein imposanter, gut erhaltener Bau. Es beherbergt das *Nationale Naturkundemuseum (Mo–Fr 9–17.30, Sa/So 9.30–17.30 Uhr | Eintritt 5 US$ | eol.habari.co.tz/museum.htm)*, in dem unter anderem die 3,5 Mio. Jahre alten Laetoli-Fußabdrücke zu sehen sind, die Vorfahren des Menschen in Vulkanasche hinterlassen haben. Andere beeindruckende Funde, etwa das weltweit größte Dinosaurierskelett, sind hingegen im Berliner Naturkundemuseum ausgestellt: Die deutschen Kolonialherren nahmen sie einfach nach Deutschland mit. Tanke im *Via Via Travellers Café (Mo–Sa 9.30–22 Uhr | €–€€)* frische Energie – es serviert die besten Muntermacher. Einen Besuch wert ist auch das *Kulturzentrum* auf dem Gelände der Boma.

INSIDER-TIPP
Kräftigste Kaffee der Stadt

MESERANI-SCHLANGENPARK

Das südafrikanische Paar Barry und Lynn Bale hat in Arusha einen Schlangenpark im Einklang mit der Natur angelegt; nur giftige Arten sind hinter Glas versteckt. Die Schlangen sind in Kooperation mit den Massai der Gegend gesammelt worden, für die die Bales Gegengifte für Schlangenbisse herstellen. Zum Gelände gehört auch ein sehr sehenswertes *Museum* zur Geschichte und Kultur der Massai. Hier werden auch Kamelausritte zu

Die Safarihauptstadt Arusha mit dem mächtigen Mount Meru im Hintergrund

nahen Massaidörfern angeboten. *Tgl. 8–18 Uhr | Hauptstr. zur Serengeti, ca. 25 km von Arusha | Tel. 0754 44 08 00 | meseranisnakepark.com | 2 Std.*

SHANGA & RIVERHOUSE

Am Stadtrand Arushas, auf dem Weg in die Serengeti, liegt eine Behindertenwerkstatt, die sogar Bill Clinton schon besucht hat. Hier solltest du dir einen ganzen Nachmittag Zeit nehmen – bei den Glasbläserarbeiten in der Werkstatt zuschauen, in den Geschäfte mit den Handarbeiten stöbern oder dich im Restaurant kulinarisch verwöhnen lassen. *Burka Coffee Estate | Dodoma Road | Tel. 0689 75 90 67 | shanga.org*

TANSANIT-MUSEUM

Kleines, privates Museum rund um Tansanias einzigartigen Edelstein (s. S. 68) mit Informationen rund um Abbau, Geschichte und Verarbeitung der blau leuchtenden Steine. *Mo–Fr 9–16, Sa 9–13 Uhr | Eintritt frei | Blue Plaza Building, 3. Etage | India Street | Tel. 0767 60 09 90 | tanzaniteexperience.com*

ESSEN & TRINKEN

ARUSHA COFFEE LODGE

Riesige Auswahl an mediterran angehauchten Gerichten, Pizza und besonders guten Desserts im Grünen. Sonntags trifft sich hier halb Arusha, vor allem an sonnigen Tagen, denn für Gäste ist die Benutzung des Swimmingpools umsonst. *Tgl. | Serengeti Road | Tel. 027 2 54 06 30 | elewana collection.com | €€–€€€*

THE BLUE HERON

Beliebtes Gartenrestaurant mitten in Arusha, bekannt für seine guten Pizzen, Suppen und Salate. Außerdem gibt es italienische Eiscreme (Ciao Ge-

Beste Aussichten: Wer erst auf den Mount Meru steigt, ist danach fit für den Kili

lati) und neuerdings eine Saftbar. *So geschl. | Haile Selassie Road | Tel. 0785 55 51 27 | €€*

ONSEA HOUSE

Wellness-Lodge mit Spitzengastronomie unter belgischer Führung, nur ein paar Minuten vom Zentrum entfernt auf der Hauptstraße nach Moshi (bei Usa River). *Tgl. | Tel. 0689 10 35 52 | onseahouse.com | €€*

STREET FOOD

Mach es wie die Tansanier und iss am Straßenrand. Geröstete Maiskolben, Fleischspieße *(mishkaki)* und frittierten Maniok *(cassava)* gibt es in Arusha entlang der Swahili Street für wenige Hundert Schillinge. Dazu verkaufen viele Massai würzigen Kaffee.

SHOPPEN

Nirgendwo im Land ist die Auswahl an Souvenirs so groß wie in Arusha, und vieles – wie Tingatinga-Bilder oder Makonde-Schnitzereien – ist hier besonders günstig. Rund um den Uhrturm gibt es Verkaufsstände, an denen du dein Verhandlungsgeschick austesten kannst. Wer gerne ruhiger einkauft, für den ist die Riesenauswahl im *Cultural Heritage Centre (So geschl. | Eintritt frei | Dodoma Road)* am westlichen Stadtrand das Richtige. Hier kann man Skulpturen und Malereien, Schnitzkunst und Fotografien in erlesener Auswahl aus allen Teilen Afrikas nicht nur bestaunen, sondern auch kaufen.

SAFARIVERANSTALTER

Was man in Tansanias Safarihauptstadt nicht buchen kann, das gibt es nicht. Entsprechend groß ist die Zahl der Veranstalter – und solange die Agentur beim *TTB (Tanzania Tourist Board)* registriert ist, kannst du nichts falsch liegen. Zu den etablierten Safariveranstaltern gehören: *Abercrombie*

& Kent *(Tel. 027 2 50 83 47 | abercrombiekent.com)* (gehobene Touren), *Tanzania Experience (Tel. 027 2 18 52 69 11)* und *Tanzania Adventure (Tel. 0786 01 99 44 | tanzania-adventure.com)* (zwei letzte unter deutscher Leitung).

RUND UM ARUSHA

1 SCHOOL OF ST JUDE

Ca. 20 Min. von Arusha mit dem Auto

Wie gehen Kinder in Tansania zur Schule? In der School of St Jude zwischen Arusha und Moshi können Besucher sich den Unterricht – gegen eine Spende – ansehen. Mehr als 800 begabte Schülerinnen und Schüler werden hier dank einer australischen Hilfsorganisation unterrichtet. Die Spenden sichern u. a. den Fortbestand des Projekts. *Mo–Fr 8.30–15.30 Uhr (außer Ferien) | Old Road | Moshono | Taxi ca. 45 US$ (hin und zurück) | Tel. 0758 30 57 76 | schoolofstjude.co.tz* | G3

2 ARUSHA NATIONAL PARK

Ca. 30 Min. mit dem Auto

Der 300 km² kleine Park wird *Serengeti ndogo,* kleine Serengeti, genannt. Löwen bekommst du hier nicht zu Gesicht, dafür gibt es rekordverdächtig viele Giraffen. Der Blick auf die Büffelherden im *Ngurdoto-Krater* im äußersten Südosten des Parks ist eindrucksvoll. In den 400 m tiefen Krater fahren darf man allerdings nicht. Kartenmaterial ist im Park nicht erhältlich. *Eintritt pro Tag 53 US$, plus Gebühren fürs Auto* | G3

3 MOUNT MERU ★

Ca. 1 ½ Std. mit dem Auto

Der 4566 m hohe Gipfel des Mount Meru lässt sich nicht nur schneller und deutlich billiger als der Kilimandscharo bezwingen. Man hat den Berg über weite Strecken auch ganz für sich allein. Eine Gipfeltour *(Kosten: etwa 700 US$)* dauert drei Tage. Vom Momela Gate auf 1500 m geht es durch von Giraffen durchwandertes, dichtes Waldland in vier bis fünf Stunden bis zur *Miriakamba-Hütte* (2600 m). Am zweiten Tag dünnt der Wald langsam aus, nach drei bis vier Stunden erreicht man die *Saddle-Hütte* (3600 m), von der du bei gutem Wetter den Kili siehst. Der dritte Tag ist Gipfeltag: Wer gegen 2 Uhr nachts startet, steht rechtzeitig zum Sonnenaufgang oben – und dann: puh, dieser Blick! Atmen nicht vergessen! Am Abend bist du wieder zurück am Ausgangspunkt. G3

KILIMANDSCHARO NATIONAL PARK

(G-H3) **Aus der Nähe wirkt der größte freistehende ★ Berg der Welt noch imposanter als aus der Ferne. Kein Wunder, dass jedes Jahr Tausende von Bergsteigern versuchen, auf den 5895 m hohen Gipfel zu gelangen.**

Der Schlüssel zum Erfolg heißt Zeit. Wer sich schrittweise an die enorme Höhe anpasst, hat selbst mit wenig Erfahrung gute Chancen. Wem das zu viel ist, der kann auf mehrere Wanderwege entlang der Hänge ausweichen. Touren auf eigene Faust sind nicht möglich: Tansanias Regierung schreibt die Buchung über ein Safariunternehmen ebenso vor wie die Beschäftigung einheimischer Führer und Träger. Geologisch gesehen ist der Kilimandscharo ein junges Bergmassiv, das durch vulkanische Aktivität vor gut 1 Mio. Jahren geformt wurde. Heute schlummert der Vulkan. Obwohl es keine Ausbrüche gibt, weht starker Schwefelgeruch über dem 2,3 km breiten und 200 m tiefen Krater an der Spitze. Vier Fünftel der 1918 gemessenen Schneedecke sind infolge des Klimawandels bereits geschmolzen.

Von den sechs gängigsten Routen ist die *Marangu-Route* (auch *Coca-Cola-Route* genannt) die kürzeste. Sie ist aber auch diejenige, auf der viele Gipfelstürmer scheitern, weil die Zeit der Akklimatisierung knapp bemessen ist (auf dem *Whisky-Route* genannten *Machame*-Aufstieg hat man zum Beispiel einen vollen Tag mehr, sich an die Höhenluft zu gewöhnen). Wer auf diesem Weg auf den Kilimandscharo steigt, durchquert innerhalb von fünf Tagen alle Ökosysteme des Gebirgsmassivs: Die Felder des Hochlands gehen über in dichten Bergwald, wo an der *Mandara-Hütte* (2800 m) der erste Aufstiegstag endet. Tag 2 führt durch Heide- und Moorland bis zur *Horombo-Hütte* (3700 m): Unterwegs ist erstmals der Gipfel zu sehen. Der dritte Tag führt durch urzeitlich wirkende Wälder bis jenseits der Baumgrenze zur *Kibo-Hütte* (4750 m).

Am vierten Tag beginnt gegen Mitternacht der Gipfelsturm: Die gut 1200 m bis zum Kraterrand am *Gill-*

TANSANIT

Du stößt am Fuß des Kilimandscharo plötzlich gegen eine schmutzigbraune ... Glasscherbe? Achtung, vielleicht versteckt sich auch der seltenste Edelstein der Welt dahinter, tausendmal seltener als Diamant: ein Tansanit! Erst auf 500 Grad erhitzt glänzt er blau und violett. Ende der 1960er-Jahre hat ihn ein Massai-Hirte in der Asche entdeckt, als er nach einem Buschfeuer eine Steppe durchquerte. Kurze Zeit später wurde er auf den Messen der Welt gehandelt. Geologen vermuten, dass der Stein seine einzigartigen Blautöne einem Vulkanausbruch des Kilimandscharo vor 550 Mio. Jahren verdankt. In etwa 10–15 Jahren soll er ganz zu Tage gefördert worden sein. Deshalb brummt der illegale Handel mit Sprengstoff: Zig Menschen decken sich am Schwarzmarkt in Mererani mit Stangen eines künstlichen Sprengstoffes aus Südafrika ein, werfen sie über Felsspalten auf den Hügeln im Hinterland ab, rutschen an einem Seil in die Schlucht hinunter – und kommen oft nie wieder hervor.

Durch fünf Ökosysteme und dichten Bergwald geht es auf den Kili

man's Point (5680 m) oder zur Freiheitsspitze *(Uhuru Peak)* auf 5895 m sind die strapaziösesten, sie führen durch Eis- und Schneefelder. Wenn alles glattgeht, erreichst du den Gipfel rechtzeitig zum Sonnenaufgang: ein atemberaubender Anblick. Der letzte Tag gilt dann dem Abstieg von der Horombo-Hütte bis zum Ausgangspunkt. Wer sichergehen will, den Gipfel zu erreichen, plant am besten einen weiteren Tag zur Akklimatisierung auf der Horombo-Hütte ein. Der harschen Umgebung mit zum Gipfel hin stetig sinkenden Temperaturen hat sich eine vom Umland isolierte Tierwelt angepasst. Elefanten steigen bis auf das Shira-Plateau auf fast 4000 m. Nicht weit vom Gipfel wurde einst sogar ein erfrorener Leopard gefunden. Die meisten Wildtiere leben aber im Waldgürtel, was Wanderungen im Nationalpark auch ohne Gipfelsturm lohnend macht.

Rechne mit mindestens 1500 Dollar für fünf Tage auf der Marangu-Route, zzgl. Trinkgeld für das Begleitteam (mind. 10 Prozent des Tourpreises). Die Kosten für andere Routen sind höher und hängen maßgeblich davon ab, wie lange die Tour dauert. Denk daran: Du vertraust deinem Bergführer dein Leben an – von Schnäppchentouren solltest du besser absehen. Das Wetter am Kilimandscharo ist unvorhersehbar. Innerhalb von weniger als einer Stunde kann es komplett umschlagen. Du solltest eine gute Kondition für den Aufstieg haben und möglichst alles aus Europa mitbringen: Wanderstiefel, Stirn- und Taschenlampe, Schlafsack, Windstopper, lange Unterwäsche und Handschuhe. Zwing dich nicht zum Gipfel. Selbst die vermeintlich leichteste Tour auf den Kilimandscharo ist wegen der enormen Höhe eine große Herausforderung und jeder Körper reagiert anders. „Pole pole", mahnen die Bergführer unterwegs, was „langsam" heißt. Doch selbst mit Langsamkeit schafft es nicht jeder bis ganz hinauf. Die Gipfel-

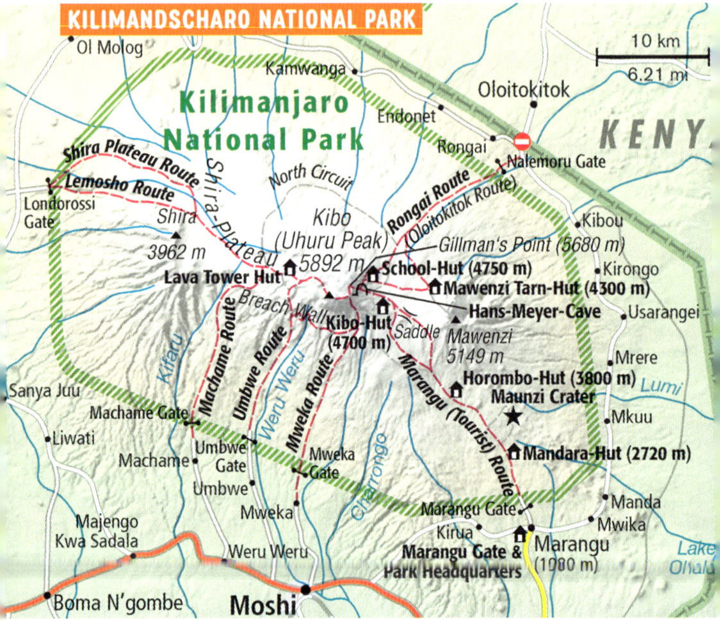

quoten reichen von um die 50 Prozent (Marangu-Route, 5 Tage) bis zu 95 Prozent (Lemosho-Route, 8 Tage). Du traust dir den Aufstieg nicht zu? Das bedeutet noch lange nicht, dass du auf den Kili verzichten oder im Hotel auf den Rest deiner Gruppe warten musst: Bei einer Bergrundtour umrundet man in einer Woche den höchsten Berg Afrikas auf 4000 m – und lernt das saftig grüne Moorland und die ursprünglichen Wälder auf kaum begangenen Pfaden kennen. Je nach Route können sich Kurzentschlossene am vorletzten Tag noch für den Gipfel entscheiden, der Rest der Gruppe steigt derweil schon einmal ab. Die meisten Safariveranstalter in Moshi haben eine solche Tour im Programm.

INSIDER-TIPP
Rundtour statt Gipfelsturm

Eine Kilimandscharo-Tour beginnt normalerweise in *Marangu*, einem Ort am Fuß des Berges (gut 40 km nordöstlich von Moshi und 5 km vom Parkeingang entfernt). *Eintritt 82 US$ pro Tag, Übernachtung in den Hütten je 70 US$*

SPORT & SPASS

HELIKOPTER-SAFARI

Eine Bergrundtour oder der Aufstieg dauern dir zu lange, aber du willst zumindest die Berghänge und Wälder rund um den Kilimandscharo erkunden? Dann mach es aus der Luft – und buche eine Helikopter-Safari mit Zwischenstopp auf einer der

Plantagen am Fuß des Bergs. Die schönste Sicht hat man am frühen Morgen kurz nach Sonnenaufgang. Gestartet wird vom Kilimanjaro International Airport dreimal pro Tag. Da heben auch die Linienflüge ab, die mit einer Überraschung aufwarten, wenn du deinen Sitzplatz clever wählst: Wer auf dem Flug nach Sansibar oder Dar auf der linken Seite sitzt, hat den atemberaubenden Blick auf den Kili inklusive. *Helikopter-Safari buchen über zanziplanet.com | Ablug: 7, 10.45 und 13 Uhr, Dauer ca. 6.30 Std.*

ER-TIPP
chönster anorama-lick gratis

REITEN

Die *Makoa-Farm (Tel. 0754 31 28 96 | reiterhof-kilimanjaro.de | €€€)*, eine altkoloniale Kaffeefarm mit Blick auf den Kilimandscharo, organisiert Ausritte und Reitsafaris durch den Busch am Fuß des Bergs und weit darüberhinaus: Zu den Angeboten gehören kurze Tiersafaris zu Pferd ebenso wie Ausflüge in die nähere Umgebung. So zum Beispiel nach Maji Moto, einer warmen Quelle *(Eintritt ca. 2,50 Euro, kleines Speise- und Getränkeangebot)* bei Boma Ngombe, in der gebadet werden kann, und sogar ein Ritt mit der Tiermigration in Richtung des Amboseli-Nationalparks in Kenia – eine einmalige Art, die Natur rund um den Kili zu erleben.

MOUNTAINBIKE

Origineller kann man den Kili nicht umrunden: Vom Farmland mit Kaffeesträuchern und Bananenhainen durch Savanne, Bergwald und Massai-Dörfer führen die sechs Etappen auf dem Mountainbike einmal rund um den Berg. Steile Abschnitte, brennende Sonne und viel Staub machen die 289 km lange Strecke zu einer sportlichen Herausforderung. Dafür gibt es die Chance, eine touristisch unerschlossene Seite des Berges kennenzulernen oder – in Begleitung eines Rangers – wilde Tiere zu beobachten. Der tansanische Veranstalter *Homeland Adventures (Tel. 0714 14 16 59 | homelandadventures.com)* organisiert die Camping-Tour schon für zwei Biker samt Begleitfahrzeug ab 1100 US$ pro Person.

MOSHI

(H3) **Sauber, aufgeräumt, dicht besiedelt: Die 200 000-Einwohner-Stadt umgeben von Kaffeeplantagen macht einen wohlhabenden Eindruck. Das liegt vor allem am Kilimandscharo, der direkt hinter Moshi in den Himmel ragt.**

Gipfelsturm, Moutainbike-Tour oder Trekking? Im beschaulichen Zentrum hast du die Qual der Wahl – und solltest dich nicht von all den Schleppern und Guides ärgern lassen, die versuchen werden, dir eine Tour zu verkaufen. In der Stadt tummeln sich Aktivtouristen in Jack Wolfskin- und Quechua-Tracht: Fast jeder, der hier übernachtet, wird am nächsten Morgen den Kilimandscharo besteigen. Die Wanderer mit dem müden Ge-

Diese Beeren müssen noch reifen – auf einer Kaffeefarm bei Moshi

sicht kommen gerade zurück, um sich zu erholen. Derweil haben die Stadt und ihr Umland noch viel mehr zu bieten, zum Beispiel die Kochbananen: So sämig wie in Moshi sind sie nirgendwo – egal ob gebraten, im Eintopf oder in der Suppe.

INSIDER-TIPP
Beste Kochbananen Tansanias

Wer Geld sparen will, sollte mit dem Bus statt Taxi von Arusha nach Moshi fahren. Tickets gibt es ab 2500 Schillinge. Vorsicht: An den Busbahnhöfen gibt es allerdings Schlepper, die Touristen in besonders teure Busse locken wollen.

ESSEN & TRINKEN

INDOITALIANO

Der Name ist Programm: In diesem kleinen Restaurant im Zentrum Moshis gibt es eine Speiskarte mit italienischen und eine mit indischen Gerichten. Man sitzt auf einer überdachten Veranda. Unbedingt kosten: das *Fish Masala* oder *Sheep Curry*. *Tgl.* | *New Street (gegenüber Buffalo Hotel)* | *Tel 027 2 75 21 95* | €€

EL RANCHO

Indische Gerichte der Spitzenklasse, viele davon sind vegetarisch. Das attraktiv in einem alten Wohnhaus mit Garten gelegene Restaurant befindet sich ein paar Kilometer stadtauswärts – am Abend solltest du ein Taxi nehmen. *Mo geschl.* | *Ibra Line Road* | *Tel. 027 2 75 51 15* | €€€

UNION CAFE

Das Café der Kaffeefarmer-Kooperative vom Kilimandscharo. Sehr guter Kaffee, leckere Pizzen und Salate, verlässliches WiFi. Beliebt bei Expats. *Tgl.* | *Arusha Road* | *Tel. 027 2 75 27 85* | €€

SAFARIVERANSTALTER

In Moshi gibt es reichlich Auswahl an Veranstaltern, die eine Tour auf Afrikas höchsten Berg organisieren können. Zu den empfehlenswerten gehören: *Afromaxx (Nkomo Av.* | *Tel. 0684*

5 04 58 | afromaxx.com) (auch deutschsprachige Führer), *Just Kilimanjaro (Kilima Street (neben Kilima Mosque) | Tel. 0789 74 32 72 | just-kilimanjaro.com)* und *Shah Tours (Sekou-Toure Road | Tel. 027 2 75 23 70 | shahtours.com).*

SPORT & SPASS

KAFFEETOUR

Nirgendwo sonst in Tansania wächst so guter Kaffee wie an den Hängen im Hochland rund um den Kili: Hier wird Arabica-Kaffee angebaut, der als so edel gilt, dass er den meisten Mischungen nur in kleinen Mengen beigefügt wird. Seit Missionare vor mehr als 100 Jahren die Kaffeebohne nach Tansania brachten, haben die Bauern den Anbau perfektioniert. Heute ist Kaffee eines der wichtigsten Agrarexportgüter des Landes.

Die Kaffeefarmen am Fuß des Kilimandscharos können nach Vereinbarung besucht werden. Geführte Besichtigungen arrangiert der Coffee Shop an der Hill Street.

WASSERFÄLLE

Das letzte Dorf kurz vor dem Kilimandscharo-Nationalpark, etwa 15 km außerhalb von Moshi, ist die Heimat der Chagga und hat nicht nur kulturell einiges zu bieten: Von dort aus wandert man in 40 Min. mit Guide zum 80-Meter-hohen *Materuni-Wasserfall*. Vergiss nicht, die Badesachen mitzunehmen, und tauch in den erfrischenden Naturpool! Touren von Moshi aus organisiert *twangatouring.com*, auch in Kombination mit dem Besuch einer Kaffeefarm.

SCHÖNER SCHLAFEN RUND UM DEN KILIMANDSCHARO

NÄCHTIGEN WIE JOHN WAYNE

Von den Momela-Seen im Norden des Parks sieht man in der Abenddämmerung die Gipfel von Mount Meru und Kili schimmern. Hier steht eine der außergewöhnlichsten Unterkünfte Tansanias: *Hatari Lodge* heißt die umgebaute, alte Ranch. Haupthaus und Anbau strahlen im Stil der 1960er-Jahre in Braun, Orange und Grün. Ein Steg führt hinein in die Ausläufer der Momela-Seen, wo im Sonnenuntergang die Büffel grasen. Nicht weit entfernt liegt die Momela Farm: Dort hatte Hardy Krüger 1959/60 mit John Wayne den Film „Hatari!" gedreht und sich dabei in Afrika verliebt. Daraufhin baute sich Krüger ein Haus: die heutige Lodge. *9 Zi. | 2 km vom Momella Gate | Tel. 0752 55 34 56 | hatarilodge.com | €€€*

BAUHAUS AM KILI

Rund 20 Minuten von Moshi entfernt liegt die *Kaliwa Lodge* im Bauhaus-Stil. Von der Terrasse hat man den wohl schönsten Blick auf den Kilimandscharo, das Essen ist exquisit, die Whiskybar die bestsortierte Ostafrikas. Daneben verfügt die Design-Lodge über einen tropischen Schmetterlingsgarten mit Kaffeepflanzen und Orchideen. Die deutschen Manager organisieren Touren in die Umgebung und Safaris. *12 Zi. | Machame Road | Tel. 0762 62 07 07 | kaliwalodge.com | €€*

DARESSALAAM & DER SÜDEN

WO TANSANIA AUFS MEER TRIFFT

Nur wenig besuchte Nationalparks in den Bergen und entlang der Küste, Ruinenstädte, Grabmäler und Villen aus dem 19. Jh.: Der Süden ist ein Paradies für Entdecker. Mach dich auf die Suche nach Spuren der deutschen Kolonialzeit!

Fündig wirst du in der ehemaligen Hauptstadt Bagamoyo – aber auch in der quicklebendigen Metropole Daressalaam, einer der am schnellsten wachsenden Städte Afrikas. Im ganzen Land nennt man die gut 5-Millionen-Stadt „Dar" oder „Bongo", auf Deutsch: Gehirn.

Blick über den „Hafen des Friedens": Daressalaam

Wer es dort zu etwas bringen will, der braucht Grips. Um Geschäfte zu machen. Oder um sich mit dem Tuk-Tuk, einem dreirädrigen Fahrzeug, an den im Stau steckenden Autos vorbeizudrängeln. Dar ist die Heimat des „Bongo Flava" – einer Mischung aus HipHop, Dancehall und Afrobeat. Heute wummern Bongo-Bässe aus den Boxen der Clubs in ganz Ostafrika. Kauf dir bei einem der lokalen Designer ein schickes Shirt, stürze dich ins Nachtleben – und tanz bis in die Morgenstunden!

DARESSALAAM & DER SÜDE

MARCO POLO HIGHLIGHTS

★ **NAFASI ART SPACE**
Schau renommierten Modern-Art-Künstlern beim Bildhauen, Malen, Tanzen und Komponieren zu ➤ S. 80

★ **TINGATINGA ARTS COOPERATIVE**
Afrikas Antwort auf Pop-Art: traditionell mit Fahrradlacken gemalte Tierbilder ➤ S. 82

★ **BONGOYO ISLAND**
Dars vorgelagerte Insel ist ideal zum Schwimmen ➤ S. 84

★ **BAGAMAYO**
Die alte Kolonialhauptstadt ist ein lebendiges Open-Air-Museum, Traumstrände inklusive ➤ S. 87

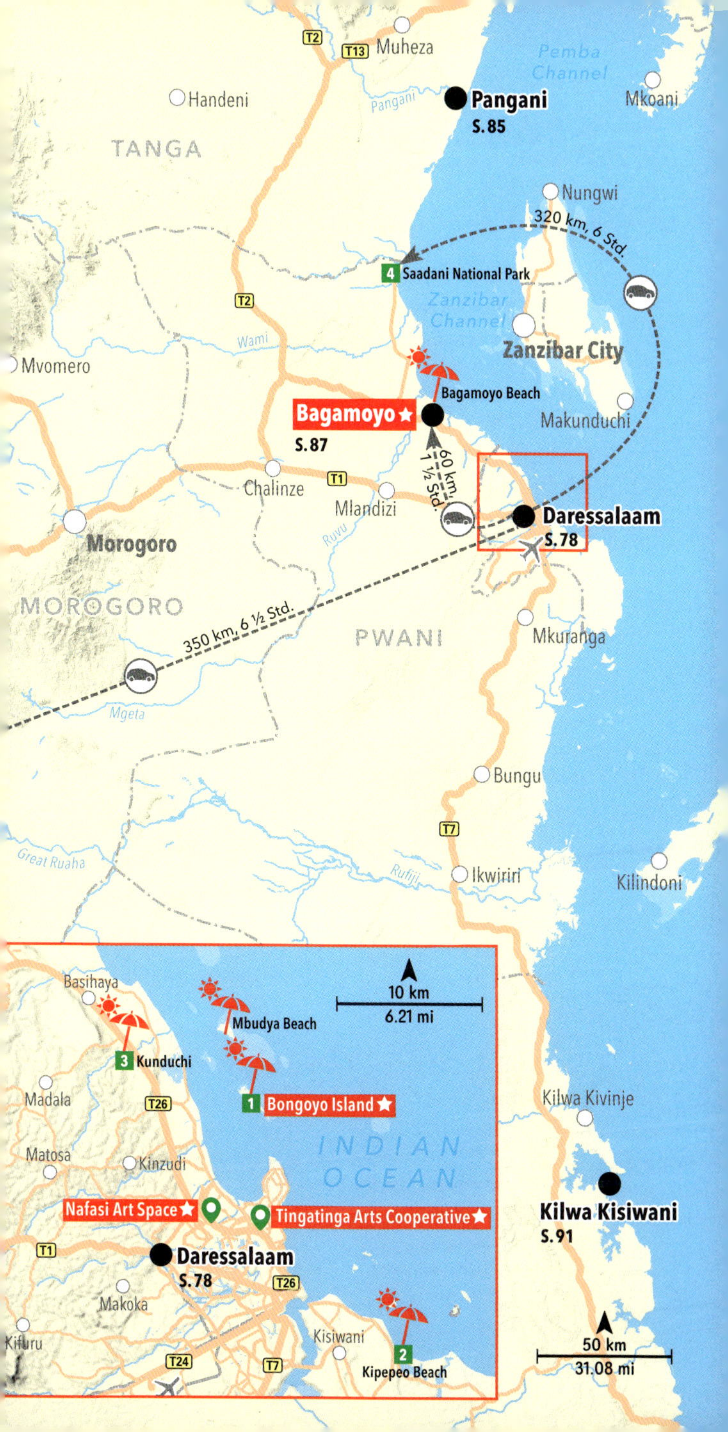

T2
T13
Muheza
Pemba Channel
Handeni
Pangani
Pangani
S. 85
Mkoani
TANGA
Nungwi
320 km, 6 Std.
4 Saadani National Park
T2
Zanzibar Channel
Zanzibar City
Wami
Mvomero
Bagamoyo Beach
Bagamoyo
S. 87
Makunduchi
60 km, 1 ½ Std.
Chalinze
T1
Mlandizi
Daressalaam
S. 78
Ruvu
Morogoro
MOROGORO
350 km, 6 ½ Std.
PWANI
Mkuranga
Mgeta
Bungu
T7
Great Ruaha
Rufiji
Ikwiriri
Kilindoni
Kilwa Kivinje
Kilwa Kisiwani
S. 91
50 km
31.08 mi
Basihaya
Mbudya Beach
10 km
6.21 mi
3 Kunduchi
Madala
T26
1 Bongoyo Island
INDIAN OCEAN
Matosa
Kinzudi
Nafasi Art Space
Tingatinga Arts Cooperative
T1
Daressalaam
S. 78
T26
Makoka
Kifuru
Kisiwani
2
Kipepeo Beach
T24
T7

DARES-SALAAM

(□ J5) **„Hafen des Friedens“ bedeutet Daressalaam wörtlich übersetzt. Wenn man nachts mit dem Flugzeug landet und die an den Häusern befestigten Lampen wie ein Sternenhimmel leuchten, kann man sich vorstellen, warum die erst 1860 entstandene Stadt so getauft wurde.**

Das wahre tansanische Leben lernt man nirgendwo sonst im Land so gut kennen wie hier. Obwohl die Hafenstadt (5,5 Mio. Ew.) den Titel Hauptstadt an Dodoma im Zentrum Tansanias abgeben musste, werden alle politischen, wirtschaftlichen und intellektuellen Fäden bis heute in Dar gezogen. Nicht umsonst nennen Tansanier die Stadt auch „Bongo“ – das Gehirn des Landes. Hier pulsiert das Leben, in tansanisch-gemütlichem Takt versteht sich.

Im Herzen ist Dar eine Handelsstadt: Hier finden sich die größten Märkte, der stolzeste Hafen und Verkehrsverbindungen in alle Regionen des Landes. Fähren nach Sansibar fahren in Dar ebenso ab wie Züge zum Viktoria- und Tanganyika-See oder ins südliche Nachbarland Sambia. Am Julius Nyerere Airport kommen bis heute die meisten internationalen Flüge nach Tansania an; vom nahe gelegenen alten Terminal starten die Propellermaschinen in die Nationalparks und zu den Inseln.

Indische, afrikanische und persische Händler haben überall in der Stadt ihre Läden und Stände. Während das Zentrum von Geschäftsleuten dominiert wird, allen voran das Viertel *Kariakoo* und die Gegend rund um die Universität, findet in den grünen Vorstädten auf der *Msasani-Halbinsel* und in *Masaki* das Abendleben statt. An der *Oyster Bay* legen Dars Familien vor allem am Wochenende die Beine hoch, picknicken oder springen in die Fluten. Auch die Strände nördlich von Dar sind ein beliebtes Ausflugsziel von Einheimischen und Reisenden.

Wenn du tagsüber im Zentrum spazieren gehst, lass deine Wertsachen im Hotel und tausch die Handtasche gegen eine Plastiktüte ein. Häng Beutel oder Taschen nie schräg über die Schulter – das hält Diebe nicht vom Klauen ab. Besonders viele Diebstähle gab es in letzter Zeit auf der Halbinsel Masaki, wo die meisten Expats leben. Fahr dort lieber mit dem Tuk-Tuk. Nach

WOHIN ZUERST?

Starte deinen Rundgang am *Askari-Denkmal (□ d4)*: das Monument, das an die im ersten Weltkrieg für Deutschland gefallenen Soldaten (*askari* auf Suaheli) erinnert, steht mitten auf dem zentralen Kreisverkehr: von hier führen die Wege sternförmig zum Hafen, zum Botanischen Garten und zu den meisten Hotels, Läden und Clubs. Die meisten Dalla-Dallas halten hier. Den eigenen Mietwagen unbedingt im Hotel lassen – Parkplätze gibt es nicht.

Bunt, lecker, stylish – auf dem Kariakoo-Markt herrscht geschäftiges Treiben

Einbruch der Dunkelheit gilt überall: Die Strecken zwischen Restaurant, Hotel und Disko oder Bar solltest du im Taxi zurücklegen. Lass dir am besten einen Taxifahrer im Hotel empfehlen oder nutze Uber.

SIGHTSEEING

ALTE BOMA

Der massive Bau aus weiß getünchtem Korallenkalk ist das älteste Gebäude der Stadt. Errichtet wurde es als Gästehaus für den sansibarischen Sultan Madschid, der sich in Dar, damals noch ein Fischerdorf, verliebte, es entwickelte und 1867 zur sansibarischen Hauptstadt kürte. Heute beherbergt es das *Dar es Salaam Centre for Architectural Heritages (DARCH)*, in dem du erfährst, wie zum Beispiel die deutschen Kolonialherren durch ihre Stadtplanung die Einwohner Daressalaams in drei Klassen unterteilten. Du verträgst die Hitze in Dar ganz gut? Dann such selbst nach den Spuren der Kolonialherren und buch am Tag zuvor hier eine Führung durch die Stadt! *Mo–Fr 9–17 Uhr | Sokoine Dr. | Tel. 0222 11 31 94 | darchtz.org | c4*

INSIDER-TIPP
Verborgene Schandtaten aufdecken

KARIAKOO-MARKT

Dars größter Markt wirkt auf die meisten Touristen äußerst chaotisch, ist aber bestens organisiert: In der Menschenmenge, die sich um Stände jeder Art drängt, werden Gemüse und frisches Fleisch, Tücher, Kleidung und auch traditionelle Medikamente verkauft. Einfach in der bunten Menge treiben lassen und Wertgegenstände, Pass und Portemonnaie vorher sicher im Hotel verstauen. *Tgl. | Tandamuti Street | a4*

KIRCHEN

Die *Lutherische Kirche (d4 | Sokoine/Azikiwe Street)* wurde sieben Jahre nach der Ernennung Dars zur deutschen Kolonialhauptstadt (1898) gebaut. Vor Kurzem wurde sie frisch restauriert. Dem ersten deutschen Vorzeigebau folgte vier Jahre später die ein paar Blocks entfernt stehende, gotisch beeinflusste *St.-Josephs-Kathedrale (d4 | Sokoine/Bridge Street).*

NAFASI ART SPACE

Hier trifft sich Dars Künstlerszene zum Zeichnen, Fotografieren, Tanzen, zum Musikproduzieren, zum Ideenaustausch und zur Präsentation ihrer neuesten Werke in 37 zu Studios umfunktionierten Containern und einer Galerie. Ein äußerst dynamischer und spannender Ort, geradezu perfekt, um die neuesten Trends zu erkunden und ein Kunstwerk zu erstehen. Viermal im Jahr findet hier ein Festival mit Livemusik und Tanzperformances statt. *Mo–Fr 10–17.30, Sa 10–14 Uhr | Eyasi Road | Tel. 0784 78 27 70 | nafasiartspace.org | J5*

MUSEUM AND HOUSE OF CULTURE

Von den Schädelfragmenten des Nussknackermenschen aus der Olduvai-Schlucht bis zum Dienstwagen des britischen Königs George V. zeigt das Haus einen Querschnitt durch Tansanias Geschichte, Kunst und Kultur. Eine große Sektion ist der Geschichte von Kilwa Kisiwani (s. S. 91) gewidmet. Hinter dem Museum liegt Dars grüne Oase, der *Botanische Garten (Mo–Fr 9–17 Uhr | Tel. 0222 12 35 51). Tgl. 9.30–18 Uhr | Eintritt 6500 TSh | Shaaban Robert Street | nmt.go.tz | 2 Std. | e3*

Die Lutherkirche mit ihrem ziegelroten Turmdach ist ein Wahrzeichen von Daressalaam

VILLAGE MUSEUM
Herzstück des Freiluft-Museumsdorfes sind 16 nachgebaute Hütten, die einen guten Eindruck von den traditionellen Lebensweisen der verschiedenen Volksgruppen Tansanias vermitteln. Besuch das Dorf am besten am Wochenende – mittags ab 14 Uhr werden dann oft traditionelle Tänze aufgeführt. *Tgl. 9.30–18 Uhr | Eintritt 6500 Tsh | New Bagamoyo Road/ Makaburi Street | Tel. 022 2 76 04 37 | 3 Std. |* *J5*

ESSEN & TRINKEN

STREETFOOD
Entlang der *Kivukoni Front* (*e–f4*) und der *Garden Avenue* (*d3*) wird am Mittag an zahlreichen Ständen frisch gekocht: es gibt meist den traditionellen Maisbrei Ugali oder Reis mit Sauce; das füllt den Magen und kostet nur wenige Hundert Schillinge.

ADDIS IN DAR
Äthiopisches Restaurant, bei dem die traditionellen Eintopfgerichte auf dem riesigen, runden Tef-Brot serviert werden. Zum Abschluss gibt es eine Kaffeezeremonie, bei der die Bohnen frisch geröstet und anschließend von Weihrauch bedampft aufgegossen werden. *So geschl. | Ursino Street | Msasani | Tel. 0713 26 62 99 | addisindar.com | €€ |* *J5*

ALBASHA
Direkt neben dem Heritage Hotel gelegenes Restaurant, das levantinische Speisen anbietet. Die Inhaber sind Libanesen, und das Essen schmeckt wie in Beirut, besonders die Mezze. Alkohol wird hier nicht ausgeschenkt. Dafür gibt es Air Condition und zum Trinken Cola und Fanta. *Tgl. | Bridge/ Kaluta Street | Tel. 022 2 12 68 88 | €€ |* *c4*

CAPETOWN FISH MARKET
Der beste Ort zum romantischen Fisch-Dinner auf einer Terrasse direkt über dem Meer! Jeden Freitagabend spielt ein Jazz-Trio auf. *Tgl. 11–23 Uhr | 180 Msasani Bay | Tel. 0758 55 53 66 | ctfm.co.tz | €€ |* *J5*

CENTRAL PARK COFFEE
Stylisches Café mit Spielplatz zwischen Masaki und der Innenstadt, dekoriert mit geflochtenen Körben und Pflanzen. Kaffee, Smoothies, Kuchen, Waffeln; und Burger schmecken ausgezeichnet! *Di–So 8–21 Uhr | Barack Obama Road |* *J5*

CORAL RIDGE SPUR
Die Daressalaam-Niederlassung der holländischen Kette mit dem Indianerkopf im Emblem gilt als Tansanias bestes Steakhouse. Hier wird alles rund ums Fleisch serviert, daneben leckere Salate und texanische Spezialitäten. Außerdem gibt es einen Spielplatz, der gerne für Kindergeburtstage genutzt wird. *Tgl. | Sea Cliff Village | Toure Drive | Tel. 0764 70 06 57 | €€ |* *J5*

SAMAKI SAMAKI
Jeden Samstagabend verwandelt sich das Fischlokal in eine beliebte Tanzfläche: Hier geht es wild, laut, eng und spaßig zu und die Diskolichter und

Cocktails sind leuchtend bunt. Jeden Donnerstag wird ab 22 Uhr Salsa getanzt. *So–Do 10–1, Fr/Sa 10–3.30 Uhr | Haile Selassie Road | Msasani | Tel. 0686 25 75 03 | € | J5*

SHOPPEN

KIKI'S FASHION BOUTIQUE

Ausladende Röcke in knallbunten Farben, geraffte Shirts, weite Kleider, in denen man sich frei fühlt und zugleich sexy: Die Modedesignerin Kiki hat einen eigenen Stil entwickelt, der die modischen Traditionen und Stoffe Tansanias mit Schnitten von den Laufstegen dieser Welt kombiniert. Du verbringst ein paar Tage in Dar und die nächste Hochzeit steht bald an? Dann mach es wie die wohlhabenden Tansanierinnen in Oyster Bay und lass dir von Kiki ein Kleid maßschneidern! *Haile Selassie Road | Oyster Bay | Tel. 0753 75 07 57 | kikisfashiontz.blogspot.com | J5*

INSIDER-TIPP
Für den großen Auftritt

MWENGE-MARKT

Die größte Auswahl an Makonde-Schnitzereien, von Touristenstücken für wenige Euro bis hin zu Kunstwerken, die vierstellige Beträge wert sind. Besucher können den Schnitzern bei der Arbeit zusehen. Unbedingt handeln! *Sam Njoma Road | J5*

SLIPWAY-SHOPPINGMALL

Modernes Einkaufszentrum unter freiem Himmel. Hier gibt es bedruckte T-Shirts in sehr guter Qualität (bei *Oneway*). *Novel Idea*, der beste Buchladen der Stadt, hat zahlreiche Bildbände und Landeskundliches vorrätig, vorwiegend in englischer Sprache. *Msasani | Tel. 0784 32 40 44 | slipway.net | J5*

TINGATINGA ARTS COOPERATIVE ★

Eine der besten Adressen für Pop-Art: Hier verkauft die von Edward Tingatinga inspirierte Künstlerkooperative ihre mit Lack gemalten Bilder. Du kannst den Künstlern bei der Arbeit zusehen und mit ihnen ins Gespräch kommen. Außer den traditionellen Tiermotiven gibt es auch experimentellere Werke. *Tgl. 8.30–17 Uhr | Morogoro Store | Haile Selassie Road | Oyster Bay | J5*

SPORT & SPASS

VOGELWANDERUNGEN

Wie bunt und vielfältig die Vogelwelt selbst in einer Millionenstadt wie Dar ist, zeigen fachkundige Führer der *Wildlife Conservation Society of Tanzania* jeden zweiten Samstag bei kostenlosen Vogelwanderungen. Ganz nebenher lernt man Dars Gärten und grüne Oasen kennen. *Garden Av. | Tel. 022 2 11 25 18 | wcstanzania.org | d3*

SAFARIVERANSTALTER

Daressalaam ist der Ausgangspunkt für Touren auf dem Southern Circuit in die südlichen Nationalparks (Selous, Saadani, Mikumi, Ruaha). Von hier gibt es die besten Anreisemöglichkeiten und entsprechend viel Auswahl

Edward Tingatinga prägte mit seinen farbenfrohen Lackbildern Tansanias Kunstszene

und gute Preise. Zu den empfehlenswerten Veranstaltern gehören: *Coastal Travels (Slipway | Tel. 022 2 84 27 00 | coastal.co.tz)* (gehört zu den erfahrensten Anbietern in dieser Ecke des Landes und hat eine eigene Fluglinie), *Kearsley Travel & Tours (16 Zanaki Street | Tel. 022 2 13 77 13 | kearsleys.com)* (individuell organisierte Safaris) und *Rickshaw Travels (Buzwagi Road, Plot 1006 | Msasani | Tel. 022 2 60 23 03 | rickshawtravels.com).*

WELLNESS

HEALING BEAUTY SPA

Erhol dich von deinen Outdoor- und Urban-Safaris bei einer Massage, Aromatherapie, Gesichtsbehandlung oder Pediküre. Im Healing Beauty Spa kannst du auch ein Dampfbad genießen. *Di–Sa 9.30–20.30, So 11–20 Uhr | 164 Kinondoni Road | Tel. 0768 952020 | healingbeautyspa.com | €€ | ꝏ J5*

KILIMANJARO HYATT REGENCY DAR ES SALAAM

Nicht gerade das günstigste, aber das wohl luxuriöseste Hotel der Stadt mit Pool und Spa. Tauch nach der Massage ab in ein Blütenbad! Traumhaft ist der Blick von hier über die Bucht. Auch das Restaurant hat Spitzenklasse. *Kivukoni Front 24 | Tel. 0764 70 12 34 | daressalaam.kilimanjaro.hyatt.com | €€€ | ꝏ e4*

AUSGEHEN & FEIERN

Das Nachtleben beginnt spät in Dar. Nichts ändert sich so schnell wie die Locations: unbedingt den Portier im Hotel nach den neuesten Tipps fragen!

COCO BEACH CLUB

Ein wunderbarer Ort, um den Tag am Strand unter Einheimischen an sich vorbeiziehen zu lassen und den Schiffen am Horizont zuzusehen. So entspannt geht es nirgends sonst in Dar zu, trotzdem solltest du auch hier auf deine Wertsachen achten. Hier gibt es außer Bier und frisch Gegrilltem auch einen Kinderspielplatz. *Am Ostufer der Msasani-Halbinsel | J5*

TRINITI

Zwischen Palmen und Platanen verstecken sich liebevoll eingerichtete Bungalows, in der Mitte ein Restaurant mit Bar. Das Triniti ist eine Oase der Ruhe auf der Halbinsel Masaki. Mit Ausnahme von Freitag: Dann fliegen DJs aus Nairobi ein und verwandeln die Tanzfläche in eine der beliebtesten Freiluft-Diskos der Stadt. *Msasani Road 8 | Tel. 0769 62 83 28 | triniti.co.tz | €€ | J5*

INSIDER-TIPP
Beats treffen Sterne

GEORGE & DRAGON

Bei Expats beliebte Kneipe mit Klimaanlage, frischem Bier und schickem Garten, in dem man auch draußen trinken kann. Fußballspiele werden hier oft auf der Leinwand übertragen. Das Pub ist allerdings auch ein Anziehungspunkt für Frauen, die sich prostituieren, um zum Beispiel ihr Studium zu finanzieren. *Di–Fr ab 18, Sa/So ab 12 Uhr | Haile Selassie Road | Masaki | J5*

RUND UM DARESSALAAM

1 BONGOYO ISLAND ★

30 Min. mit dem Boot

Nur eine kurze Bootsfahrt von der Halbinsel Mazaki entfernt kannst du die Wolkenkratzer von Daressalaam samt Smogglocke aus der Ferne betrachten, während du dich im herrlich klaren Meer erfrischst. Bestell am besten gleich nach Ankunft auf der Insel –

Malerisches Türkis mit traditioneller Dhow – das seichte Meer vor Pangani

der Fisch wird dafür nämlich frisch gefangen. Am Wochenende stehen tansanische Großfamilien schon vor dem Bootssteg Schlange! Dann lohnt es sich, auf die etwas weiter entfernte einsame und wilde Insel *Mbudya* auszuweichen. Die Bootsfahrt hin und zurück organisiert das *White Sands Hotel* im Norden außerhalb der Stadt. *Boote von der Slipway-Shoppingmall um 9.30, 11.30, 13.30 und 15.30 Uhr | Kosten inkl. Verpflegung ca. 15 Euro | J5*

DER-TIPP Robinson-Crusoe-Insel

2 KIPEPEO BEACH

30 Min. mit der Fähre

Die Küste südlich von Dar ist derzeit der angesagteste Strand mit viel Platz und einigen lokalen Verkaufsständen, an denen frischer Fisch gebraten wird. Plan genug Zeit für An- und Abfahrt ein! Vom Hafen von Dar *(Ocean Road/Kivukoni Front)* aus geht es mit der überfüllten Kigamboni-Fähre aufs andere Ufer. Das Taxi vom Anleger aus zum rund 8 km entfernten Kipepeo-Strand kostet gut 10 Euro. *J5*

3 KUNDUCHI

35 km nördl. von Dar

In Kunduchi treffen sich am Wochenende die Bewohner von Dar zum Schnorcheln, Schwimmen oder Sonnenbaden. Das luxuriöse *Kunduchi Beach Resort (kundichi.com | €€€)* bietet auch für Nichtgäste ein Spa mit Meerblick, fünf Restaurants sowie eine große Strandbar. Zum Komplex gehört auch der *Wet'n'Wild Water Park* mit Wasserrutschen und Spaßpool. Ein toller Platz für Kinder, um mit einheimischen Kindern Freundschaft zu schließen! Kleiner und etwas ruhiger ist das *Water World (Tel. 0752 43 45 77)* etwas weiter nördlich entlang der Hauptstraße. Unter der Woche sind allerdings nicht alle Rutschen in Betrieb. *J5*

PANGANI

(J4) **Weiße, von Kokospalmen gesäumte Strände fernab ausgetretener Touristenpfade zwischen Daressalaam und Tanga. Mitten im 10 000-Einwohner-Städtchen fließt der gleichnamige Fluss ins Meer.**

Die drei Riffe in unmittelbarer Strandnähe machen den Ort insbesondere für Schnorchler und Taucher interessant. Vor allem, weil vor der Küste noch die vom Aussterben bedrohten, 1,5 m langen und knapp 200 kg

schweren Grünen Meeresschildkröten schwimmen und nachts im Sand ihre Eier vergraben. Viele Hotels bieten Ausflüge per Boot, Kajak oder Tiefseefischen an.
Auch an Land gibt es in Pangani einiges zu entdecken: Arabische, britische, asiatische und auch deutsche Kolonialherren haben hier gebaut und im 19. Jh. mit Sklaven und Elefanten gehandelt. Allerdings solltest du dich auf eine lange Anreise einstellen: Plan unbedingt einen ganzen Tag Fahrt mit dem Taxi ein!

ESSEN & TRINKEN

MKOMA BAY RESTAURANT

Für Gourmets und Romantiker: Im Restaurant von Nic's Tented Lodge, 5 km nördlich von Pangani, schmeckt das von einem lokalen Chef zubereitete internationale Dinner (mit Fisch, Fleisch oder vegetarisch) nicht nur besonders gut; der Blick von der Terrasse über die Bucht ist ebenfalls himmlisch. *Tel. 0682 00 22 02* | *€€*

MIKE'S BEACH RESTAURANT & BAR

Ebenfalls in Ushongo wird hier auch italienisch gekocht. Besonders zu empfehlen sind die frischen Meeresfrüchte – allen voran der perfekt gegrillte, schmackhafte Hummer. *Tel. 0719 67 83 41* | *€€*

SPORT & SPASS

TAUCHEN

Nur wenige Gehminuten am Strand entlang findet man *Kasa Divers (Tel. 0786 42 76 45 | kasa-divers.com)*, ein ganz besonderes Tauchcenter. Hier werden nicht nur hervorragend geführte Schnorchel- und Tauchausflüge nach *Maziwe Island* organisiert. Die Besitzer haben auch ein Schildkrötenprojekt ins Leben gerufen.

RUND UM PANGANI

4 SAADANI NATIONAL PARK

Ca. 100 km südl. von Pangani, 6 Std. mit dem Auto durchs Hinterland

Einer von Tansanias jüngeren Nationalparks (ca. 1100 km²) liegt zwischen dem Indischen Ozean im Osten und dem Wami-Fluss im Süden. Eine Flussfahrt auf dem Wami ist eine besondere Erfahrung in dem einzigartigen Mischbiotop: Außer Flusspferden und Krokodilen versammeln sich dort Hunderte von Vogelarten. Trotz seiner geringen Größe leben in Saadani auch Antilopen, Giraffen, Elefanten und Raubkatzen – zwar nicht besonders viele, aber mit etwas Glück wirst du welche sehen. Einzigartig: Am frühen Morgen kannst du im Sandstrand die Fußspuren der Tiere entdecken – und mit viel Glück sogar im Meer badende Elefanten beobachten.
Übernachten kann man mitten im Park, aber auch außerhalb am *Sange Beach*. Die Anreise ist am einfachsten von Pangani aus möglich: Von dort führt die Küstenstraße bis zum Parkgate. *Eintritt ca. 45 US$ pro Tag* | *H4–5*

Der Stolz von Bagamoyo: Die Katholische Mission existiert seit fast 150 Jahren

BAGAMOYO

(🕮 J5) **Die Ruinen und Gedenkstätten in ★ Bagamoyos Altstadt erinnern an den Sklavenhandel, mit dem die Stadt im 18. Jh. einst reich geworden und gewachsen ist.**

„Lege dein Herz nieder", so wird der Name der Stadt übersetzt, und damit sind vermutlich die Sklaven gemeint, die nach Hunderten Kilometern Gewaltmarsch in Bagamoyo ihr vorläufiges Ziel erreichten: den Sklavenmarkt und von dort den Abtransport in eine ungewisse Zukunft.

Mitte des 19. Jhs. war Bagamoyo die wichtigste Hafenstadt des Landes: Jährlich wurden 50 000 Männer und Frauen aus dem Binnenland nach Sansibar und in die arabische Welt verschifft. Europäische Entdecker wie Henry Morton Stanley und David Livingstone passierten die Stadt auf ihrem Weg ins unbekannte Binnenland.

1888 erklärte Deutschland Bagamoyo zur Kolonialhauptstadt, doch schon nach drei Jahren zog die Verwaltung erst nach Tanga und dann nach Daressalaam.

Lange Zeit schien es, als gerate die verfallende Stadt trotz ihrer 35 000 Einwohner in die Bedeutungslosigkeit, doch neue Resorts entlang der leuchtend weißen Sandstrände zeugen vom Aufschwung. Vor einem Spaziergang empfiehlt es sich, nach einem lokalen Führer zu fragen – in den verwinkelten Altstadtgassen kommt es manchmal zu Überfällen.

SIGHTSEEING

ALTES FORT

Das von einem arabischen Händler 1860 als Sklavengefängnis gebaute Fort am südlichen Ende der Altstadt ist das älteste noch erhaltene Gebäude Bagamoyos. Es kann nur von außen besichtigt werden.

BOMA

Das kaiserliche Verwaltungsgebäude (1897) ist inzwischen fast vollständig verfallen. Auf der Frontseite an der parallel zur Küste verlaufenden India Road feiern fünf Gedenktafeln bis heute die fragwürdigen „Heldentaten" deutscher Offiziere.

KAOLE-RUINEN

5 km von Bagamoyo entfernt stehen die Ruinen einer der ältesten Küstenstädte des Landes. Die Geschichte von Kaole liegt weitgehend im Dunkeln: Vermutlich wurde die Stadt im 14. Jh. gebaut, manche Quellen sprechen auch vom 13. oder sogar vom 7. Jh. Kaole soll eine der größten Moscheen seiner Zeit beherbergt haben. Deren Überreste sind, neben anderen Gebäuden und Grabmälern, bis heute zu sehen. *10 Min. Taxifahrt*

KATHOLISCHES MISSIONSMUSEUM

Am Ende einer Allee aus Mangobäumen steht die älteste Kirche Ostafrikas. Hier gründeten Missionare 1868 eine Kolonie befreiter Sklaven und läuteten damit das Ende des Sklavenhandels in Bagamoyo ein. Im Gebäude gegenüber ist ein *Museum* eingerichtet. *Tgl. 10–17 Uhr | Eintritt 2000 TSh | 1 ½ Std.*

ESSEN & TRINKEN

BAGAMOYO BEACH RESORT

Ob Fondue, Paella oder pur: Hier dreht sich alles um Fisch! Das französische Restaurant liegt direkt am Strand, in der Nähe des Museums. *Beach Road | Tel. 023 2 44 00 83 | €€*

SPORT & SPASS

MOUNTAINBIKE

Fahr mit dem Rad statt dem Taxi zur Ruinenstadt Kaole – entlang weißer Sandstrände und dem nahe gelegenen Mangrovenwäldchen. Mountainbike-Ausflüge organisiert zum Beispiel der *Livingstone Club (Tel. 023 2 44 00 59 80 | €€).*

STRÄNDE

Entspann dich von deiner Entdeckungstour durch Bagamoyo unter Palmen mit Blick aufs Meer! Besonders schön ist der Strandabschnitt vor der *Travellers Lodge (Tel. 0744 85 54 05, 023 2 44 00 77 | bagamoyo.com/travellers-lodge | €).* In den 1990er-Jahren hat hier ein deutsch-südafrikanisches Paar eine kleine Oase geschaffen; das Essen schmeckt hervorragend.

RUAHA NATIONAL PARK

(E–F 5–6) **Wunderschön, rau und strotzend vor Leben: 100 km südlich von der Hauptstadt Dodoma liegt ein Nationalpark, so groß wie die halbe Schweiz.**

Er ist nicht nur der größte Park Tansanias – Ruaha ist noch dazu kaum be-

Diese Königinnen der Löwen chillen mit ihren Jungen in Ruaha am Trinkloch

DER-TIPP
ild, wilder, n wildesten

sucht. Hier triffst du gewiss mehr Leoparden, Geparden und Antilopen als Menschen. Wenn du die Touristengruppen und all die anderen Safarijeeps in der Serengeti und den Parks im Norden vermeiden willst, dann bist du hier genau richtig. Mitten im Herz von Tansania erstreckt sich der Ruaha National Park auf einer Fläche von ganzen 20 226 km². Er ist zwar nicht so einfach zu erreichen und bei weitem nicht so gut erschlossen wie die Parks im Norden – selbst in der Trockenzeit (Juni–Dez.) zählt er nicht einmal hundert Besucher. Dafür bietet er Hügel, so weit das Auge reicht, bedeckt mit Baobabs und dramatische Felsklippen. Nicht nur das Flussbett des Ruaha Flusses, auch das Rift Valley schneidet mitten durch den Park. Dazu kommen riesige Elefanten- und Büffelherden und Tiere, die aus dem südlichen Afrika in den Osten wandern.

Von einem 200 m hoch gelegenen Grabenbruch stürzen Flüsse in die Ebene hinab und schlängeln sich durch die Savanne. Jenseits des Grabenbruchs findet man auch dichtere Wälder und Hügel, die sich bis zu 1800 m erheben. Eine so große Vielfalt an Pflanzen und Tieren wie hier findest du wohl in kaum einem anderen Park: Biologen zählten 1650 Pflanzenarten und 500 Vögel. 20 000 Elefanten teilen sich die Wälder mit zig Antilopenarten, Leoparden, Löwen, Geparden und Wildhunden.

Die meisten Lodges befinden sich im Südosten Ruahas, auf 900 m Höhe. Besonders günstig übernachtet man in den Selbstversorger-Bandas für zwei bis fünf Reisende *(Buchung über Tanapa in Arusha | Tel. 027 2 50 34 71 | tanzania parks.com)*. Sie werden von der Nationalparkverwaltung unterhalten. Feuerholz und warmes Wasser wird zur Verfügung gestellt, Küchen sind vorhanden.

Die Anreise ist am einfachsten mit dem Flugzeug *(Flüge ab Arusha, Dar, Sansibar und Selous)* oder mit einer organisierten Safari. Von Arusha oder Dar muss man mit dem Auto einen vollen Tag (10–12 Std.) Fahrtzeit rechnen. *Parkeintritt 45 US$ pro Tag*

UDZUNGWA MOUNTAINS NATIONAL PARK

[illegible] **Die entlegene Bergregion der Udzungwas, wenige Stunden mit dem Auto vom Ruaha National Park entfernt, wird von Naturkundlern als „Tansanias Galapagos" bezeichnet: ein Viertel der Tier- und Pflanzenwelt, so schätzen Biologen, sind endemisch, sprich: Man findet sie tatsächlich auf der ganzen Welt nur hier, im Bergregenwald.**

Vierzig Prozent aller seltenen Arten Tansanias sind hier zu finden. Manche der bis zu 2000 m hochen Berge sind so unzugänglich, dass Forscher hier erst 1979 eine neue Affenart, den *Sanje crested mangabey*, entdeckten, die es (wie auch eine Colobus-Art) nirgendwo sonst auf der Welt gibt. Die Zahl der Mangaben wird auf maximal 1300 geschätzt. Zu den anderen Naturwundern von Udzungwa gehört eine nur fingernagelgroße Krötenart, die rund um einen Wasserfall des Parks lebt – und nirgends sonst.

Die faszinierende Bergwelt mit ihren zahlreichen Wasserfällen und 160 Heilpflanzen lässt sich nur zu Fuß erkunden, mit einem einheimischen Guide. Am schönsten ist der Park in der Trockenzeit (Jan.–März, Juni–Okt.) Die Anreise ist nur mit dem Auto (von Dar etwa 6 Std.) möglich; viele Besucher machen einen Abstecher vom *Mikumi-Nationalpark* (1 Std. entfernt). Der Parkeintritt beträgt 45 US$, die Führer müssen extra bezahlt werden (ca. 20 US$ pro Tag).

SPORT & SPASS

SPAZIEREN

Der Rundweg zum *Prinz-Bernhard-Wasserfall (1 Std.)* verschafft einen großen Eindruck von Flora und Fauna im Park: Der Weg führt durch ein Feld tanzender Schmetterlinge bis zum Wasserfall. Im eiskalten Wasser stillen vor allem morgens und abends Affen ihren Durst.

BERGSTEIGEN

Der Weg zum *Sanje-Wasserfall (5 Std.)*, einer Kaskade von Wasserfällen, die 300 m in die Tiefe stürzen, führt immer höher in die Bergwelt hinein. Dabei wird zwar nicht geklettert, aber es geht über Stock und Stein. Gute Wanderschuhe und Kondition sind Voraussetzung. In den dichten Wäldern, die den Weg begrenzen, ist immer wieder das Kreischen von Affen zu hören. Wenn sich der Regenwald lichtet, ist der Wasserfall nicht mehr weit. Vom obersten Wasserfall hat man einen weiten Blick über den Park und die umliegende Gegend. Direkt über dem eiskalten Wasser hängt selbst am Tag noch eine dichte Schicht Nebel.

KILWA KISIWANI

(J7) **Die kleine Insel, eine halbe Stunde Fahrt mit einer traditionellen Segel-Dhow entfernt, scheint von der Zeit vergessen.**

DER-TIPP
rwunschene
uinenstadt

Die Ruinen (Unesco-Weltkulturerbe) einer der einst mächtigsten Städte der Suaheli-Küste sind kaum besucht. Angeblich wurde die Siedlung im Jahr 975 von Hassan bin Ali, dem Sohn des persischen Königs, errichtet. Archäologen haben Münzen gefunden, die Handel mit der 3000 km entfernten Metropole von Simbabwe belegen. Ein Sultanspalast *(Husuni Kubwa)* und die große Moschee sind nur einige der beeindruckenden Gebäude, die von der Baukunst der einstigen Bewohner zeugen. Jahrhunderte später erst kamen die Portugiesen, die die *Gereza,* das mächtige Fort der Insel mit integriertem Amphitheater, errichteten. Die Ruinen sind erschlossen, aber meist hat man sie mit seinem Guide allein.

Übernachten muss man in *Kilwa Masoko* auf dem Festland, auf der Insel gibt es keine Unterkünfte. Die Fahrt von Dar geht größtenteils über asphaltierte Straße, nur die letzten 100 km sind unbefestigt (Dauer: ca. 5 Std.). Für den Besuch braucht man eine Genehmigung der Verwaltung in Kilwa Masoko, dem Ausgangspunkt zur Insel (ca. 1500 TSh). Die Überfahrt kostet ca. 15 Euro per Dhow, das doppelte im einzigen Motorboot. *Kilwa Beach Lodge* und *Kilwa Seaview Resort* organisieren Tagesausflüge für ca. 30 Euro.

Gucken und staunen in den Ruinen der alten Moschee auf Kilwa Kisiwani

SANSIBAR

TRAUMSTRÄNDE UND SULTANSPALÄSTE

Sansibar. Das ist der Duft von orientalischen Gewürzen; das sind Basare, der Pomp der Sultane und – Plattenbauten eines Architekten aus der DDR; das ist türkisblaues Meer und das Prickeln von Salz auf sonnengebräunter Haut.

Das Flair dieser Inselgruppe vor der Ostküste Afrikas ist unvergleichlich. Eine jahrhundertealte Mischung aus arabischen, indischen, persischen, afrikanischen und europäischen Einflüssen schlägt sich in Architektur, Kunst, Küche und Mentalität nieder. Händler aus dem

Buchstabiere „Strandidyll“: Matemwe Beach

Orient segelten schon im 7. Jh. nach Sansibar. Mit dem Volk der Suaheli, die seit Jahrhunderten eine prächtige Zivilisation aufgebaut hatten, handelten sie Gold, Elfenbein, Tierfelle und Gewürze. Damit und mit dem Verkauf von Sklaven erlangten die Inseln schier unermesslichen Reichtum und einen sagenhaften Ruf.

SANSIBAR

Tauchen
Nungwi
S. 104
5 Kendwa
65 km, 1 Std. 20 Min.
INDIAN
OCEAN
Kigomane
Mkokotoni
Matemwe
S. 107
Kwadjure
Bumbwini
Pwani Mchangani
UNGUJA
KASKAZINI
knapp 100 km Luftlinie, 8 Std.
Kinyasini
Kiwengwa
Mahonda
Kilombero
Mangwapani
Pongwe
2 Cheetah's Rock
Zanzibar
Channel
Bububu
1
Changuu
Island
Mwera
Dunga
Pingwe
Sansibar-Stadt
S. 96
Chwaka
Gewürztour
Stone Town
Tunguu
UNGUJA KUSINI
UNGUJA
MJINI MAGHARIBI
7 Jozani-Chwaka Bay National Park
Kombeni
50 km, 1 Std.
Paje
S. 108
3 Chumbe Island
Kitogani
6 Jambiani
Fumba
Unguja Ukuu
Kaepwani
Makunduchi
10 km
6.21 mi
Kizimkazi Mkunguni

MARCO POLO HIGHLIGHTS

★ STONE TOWN
In den engen Gassen die Spuren von Sultanen und DDR-Architekten entdecken ➤ S. 96

★ SAUTI ZA BUSARA
Lass dich mitreißen von der vielfältigen Musikkultur Sansibars und ganz Ostafrikas ➤ S. 97

★ GEWÜRZTOUR
Bei einer solchen Tour sehen, wo der Pfeffer wächst ➤ S. 101

★ CHEETAH'S ROCK
Sich von Löwen aus der Hand fressen lassen ➤ S. 103

★ MAFIA ISLAND
Wie Robinson Crusoe – nur im Luxus-Segment ➤ S. 103

★ TAUCHEN IN NUNGWI
Besonders artenreiche Unterwasserwelt vor der nördlichen Spitze Sansibars ➤ S. 105

★ JOZANI-CHWAKA BAY NATIONAL PARK
Das letzte Stück tropischen Urwalds der Insel mit endemischen Tierarten ➤ S. 111

★ FUNDU LAGOON
Eine wohltuende Massage mit Meerblick im Luxusresort auf Pemba ➤ S. 113

SANSIBAR-STADT

(📖 p4) **Wenn Sansibar-Stadt das Herz des Inselreichs ist, dann ist die ★ *Stone Town* seine Seele. Ein Spaziergang durch die Steinstadt ist wie eine Zeitreise zurück in die Welt der Sultane und Kalifen.**

In der Hauptstadt Sansibars (200 000 Ew.), dem Dreh- und Angelpunkt der Insel, konzentrieren sich nahezu alle Sehenswürdigkeiten und Hotels auf die historische Altstadt, die Stone Town. Jenseits der Creek Road (und der Jamhuri Gardens) steht das neue Sansibar, das Touristen nur selten besuchen: Hier wohnen die meisten Menschen, unter anderem in realsozialistischen Wohnblocks. Im Norden von Sansibar-Stadt liegt der Hafen, von dem aus die Fähren u.a. nach Daressalaam und nach Pemba verkehren.

Sayyid Said, der erste Sultan von Sansibar, prägte den Archipel nachhaltig. Der geschäftstüchtige Herrscher führte intensive Handelsbeziehungen mit Europa. Exotische Gewürze der damaligen Zeit waren meist Sansibar-Importe: etwa Vanille, Pfeffer oder Gewürznelken. Einer der Söhne des Sultans ließ später einen Großteil der *Stone Town* bauen, Sansibars berühmtes historisches Zentrum auf der Hauptinsel.

Das Reich der Sultane von Sansibar ist aber natürlich längst Vergangenheit, den letzten stürzte man 1964 in einer blutigen Revolte, bei der knapp 20 000 wohlhabende Araber von Aufständischen getötet wurden. Was folgte, war noch in demselben Jahr ein Zusammenschluss mit dem Festland zum Bundesstaat der Republik Tansania mit halbautonomem Status. Die Inselgruppe besteht aus der Hauptinsel Sansibar und der kleineren Insel Pemba. Die Einheimischen nennen die Hauptinsel Sansibar übrigens *Unguja*, um sie von der gleichnamigen Inselhauptstadt sowie von der Inselgruppe zu unterscheiden.

Rund 1 Mio. Menschen wohnen auf den Inseln, darunter Afrikaner, Inder, Perser und Araber. Über 95 Prozent der Bevölkerung sind Muslime. Obwohl der auf Sansibar praktizierte Islam als gemäßigt gilt, sollten Touristen sich anpassen. Vor allem in Stone Town sollten Frauen auf beinfreie und ärmellose Kleidung verzichten. Im Fastenmonat Ramadan ist Essen und Trinken in der Öffentlichkeit tagsüber tabu.

WOHIN ZUERST?

Starte deinen Stadtrundgang vom **Alten Fort** *(📖 S-T4)*. Das Fort ist ein guter Orientierungspunkt: Es liegt zwischen Ozean und Altstadt, deren enge Gassen sich auf der Rückseite entlangziehen. Einige der beliebtesten Sehenswürdigkeiten befinden sich von hier nur wenige Schritte entfernt, ebenso wie Cafés und Restaurants. Wer Ruhe vom Trubel in den Straßen braucht, geht einfach in das Fort hinein.

Nicht nur auf den Märkten wird in Stone Town verhandelt und gekauft

Die *Stone Town* selbst ist ein einzigartiges Architekturdenkmal, das zum Weltkulturerbe zählt. Lass dich beim Besuch ziellos treiben: Mehr als 2000 fast durchgehend weiß gekalkte Steingebäude säumen die Gassen der Altstadt. Achte auf die mit schweren Metallbeschlägen versehenen Haustüren oder Portale, die oft mit Gravuren verziert sind. Traditionell wurden beim Hausbau die Türen als Erstes errichtet: Je größer und je reicher verziert, desto reicher und wichtiger war der Eigentümer. Zitate aus dem Koran und die Symbolik geben weitere Einblicke in das Leben des Erbauers: Eine Dattelpalme etwa steht für Überfluss.

SIGHTSEEING

ALTES FORT (NGOME KONGWE)

Als Zeichen ihres Siegs über die Portugiesen im Jahr 1698 bauten die osmanischen Herrscher diese Trutzburg mit meterdicken Wänden aus Korallenkalk auf den Überresten der letzten portugiesischen Kirche. Heute finden im Innenhof mehrmals wöchentlich Konzerte oder andere Aufführungen statt, darunter zwei, die es lohnen, den Urlaub entsprechend zu planen: Das dreitägige Musikfestival ★ *Sauti za Busara*, bei dem alljährlich Sänger und Musiker aus ganz Afrika die Straßen der Stadt mit Rap, Jazz, Gospel und dem traditionellen Taraab beschallen. Weniger bekannt, aber nicht weniger spannend ist das *Zanzibar International Filmfestival* im Juli: Ein 16-tägiges Filmfest, bei dem junge Filmtalente aus dem Kulturraum des Indischen Ozeans ihre Dokumentar- und Spielfilme präsentieren. So einen spannenden Einblick in das Leben und Schaffen in den Dhow-Ländern bekommst du nicht mal auf der Berlinale – begleitet

INSIDER-TIPP
Entdecke junge Talente

Den Opfern des Sklavenhandels gewidmet: Anglikanische Kathedrale

von den besten Partys. Gegen eine Spende kannst du das Fort auch außerhalb von Aufführungen besichtigen. Dahinter gibt es in den Gassen zahlreiche Souvenirläden (Handeln nicht vergessen!). *Mizingani Road* | *S–T4*

ANGLIKANISCHE KATHEDRALE

Wo heute die imposante Kathedrale mit zinnenbewehrtem Dach und einem der höchsten Türme der Insel steht, befand sich seit dem 18. Jh. Sansibars Sklavenmarkt. Noch im 19. Jh. wurden etwa 600 000 Afrikaner von Stone Town in den Orient verschifft, bis der Sklavenhandel 1873 verboten wurde. Eine Gruppe von Missionaren ergriff die Gelegenheit, kaufte Grund und Boden und begann mit dem Bau einer Kathedrale. Im ehemaligen Missionsspital gleich neben der Kirche (heute ein Hostel) können die ehemaligen Sklavenkerker besichtigt werden. *Creek Road/Sultan Ahmed Mugheiri Road* | *Führung (inkl. Kerker) 3500 TSh* | *U4–5*

BEIT AL-AJAIB

Mit dem „Haus der Wunder" (so die Übersetzung) wollte Sultan Barghash sich und seiner Stadt 1883 ein einmaliges Denkmal setzen: Nicht nur das größte, sondern auch das modernste in ganz Ostafrika sollte es werden. Das gelang ihm, auch dank damals noch weitgehend unbekannter „Wunder": fließendes Wasser, elektrischer Strom und sogar ein Aufzug ließ der Sultan einbauen. Bis vor Kurzem beherbergte Beit al-Ajaib ein Museum über die Geschichte Sansibars. Doch nach einem Sturm stürzte ein Teil des Daches ein. Seitdem kann das Haus der Wunder nur von außen besichtigt werden. *Mizingani Road* | *T4*

DDR-PLATTENBAUTEN AM RAND VON STONE TOWN

Wären da nicht diese wuchtigen Palmen, könnte man glatt meinen, man sei in Berlin-Marzahn. In Michenzani, zwischen der Welterbe-Altstadt und Ng'ambo, wo die meisten Einheimischen wohnen, beginnen 1,5 Kilometer lange Plattenbau-Siedlungen – ein Geschenk von Walter Ulbricht, Vorsitzender des Staatsrates der DDR als Dank dafür, dass die Sansibaris den Sultan vertrieben, sich zu einer „Volksrepublik" im sozialistischen Sinne erklärten und die DDR offiziell als Staat anerkannten. 1964 schickte Ulbricht Bauingenieure aus der DDR auf die Insel Sansibar. Heute sind die meisten Wohnungen marode – nicht gerade hübsch anzusehen. Aber auf jeden Fall sehenswert! *0*

HAMAMNI

Die persischen Bäder, angelegt im späten 19. Jh., finden sich mitten in Stone Town und wurden aus den Gewinnen des Sklavenhandels finanziert. Seit 1920 sind sie außer Betrieb, doch der gegenüber den Bädern lebende Aufseher kann Besucher herumführen und ein wenig über die Geschichte erzählen. *Eintritt 2000 TSh | nahe der Kajifichenii Street | T4*

PALASTMUSEUM

Der ehemalige Sultanspalast *(Beit al-Sahel)* beherbergt eine Ausstellung über die Geschichte des Sultanats im 19. und 20. Jh. Das Museum zeigt Prunk und Preziosen der Sultansfamilie, darunter kostbare Möbel und Gemälde. Ein Raum erinnert an Prinzessin Salme (1844–1924), die der Liebe wegen nach Deutschland floh (s. S. 101). Ähnlich wie das bereits geschlossene Haus der Wunder verfällt auch das Palastmuseum zusehend. Da Sanierungsarbeiten nicht im großen Stil zu erwarten sind, solltest du das Gebäude besichtigen, solange es noch zugänglich ist! *So, Mo 9–15, Di–Sa 9–18 Uhr | Eintritt 6000 TSh | Mizingani Road | 3 Std. | T3–4*

TIPPU TIPS HAUS

Tippu Tip war in der zweiten Hälfte des 19. Jhs. der reichste Sklavenhändler Ostafrikas. Sein Einfluss reichte bis weit in den Kongo hinein, von wo Karawanen ihn mit Nachschub versorgten. Das Haus legt ein Zeugnis ab von Tips legendärem Reichtum: Das Eingangsportal ist eines der schönsten der Stadt, mit Treppenstufen aus feinstem Marmor. Das Haus ist bewohnt und kann deshalb nur von außen betrachtet werden. *Suicide Alley | S5*

ESSEN & TRINKEN

ABYSSINIAN MARITIM

Für Urlauber mit Interesse an äthiopischer Küche führt in Stone Town kein Weg am Abyssinian Maritim vorbei. In stilgerechtem Ambiente wird am großen Tisch von einem gemeinsamen Teller mit den Fingern gegessen, eine richtige Erlebnismahlzeit kann man hier genießen. Der Kaffee ist exzellent, auch die Säfte muss man probieren. *Am Vuga Roundabout (Kaunda Road) | Tel. 0772 94 05 56 | €€ | S5*

FORODHANI GARDENS

Wenn die Sonne im Indischen Ozean untergeht, verwandelt sich der Park gegenüber des Beit al-Ajaib in ein Labyrinth aus Marktständen, an denen alle Arten von Fleischspießchen, Meeresfrüchten, Pfannkuchen und anderen frisch zubereiteten Leckereien zu kleinen Preisen verkauft werden. *Mizingani Road | € | S–T4*

LUKMAN RESTAURANT

Über die ganze Straße zieht der Duft von mit Zimt und Pfeffer gespicktem Pilau-Reis und würzigem Oktopus in Kokosnuss-Curry. Wer die Küche Sansibars, so vielfältig wie seine Einwohner, kennenlernen will, ist in diesem äußerst beliebten Restaurant genau richtig. Die herzhaften Gemüsegerichte sind für Vegetarier ideal und die eng aneinander gereihten Tische laden dazu ein, mit Einheimischen ins Gespräch zu kommen. *Tgl. 8–23 Uhr | Under the Baobab Tree, Mkunazini | Tel. 0777 48 21 31 | € | 🕮 T5*

TEA HOUSE RESTAURANT

Eine der gefragtesten Locations zum omanisch-persisch inspirierten Dinner mit dem fantastischsten Blick über die Dächer der Stadt! Hier haben schon Johnny Depp und Bill Clinton bei Taraab-Musik aus der Dhow Academy nebenan, dem Abendgebet der Moscheen und dem Geklingel der indischen Tempel einen Sundowner getrunken. Ab 18 Uhr findet man sich hier ein. *Di–So 12–16, 18–22 Uhr | Hurumzi Street | Tel. 0779 85 42 25 | emersonspice.com/tea-house | €€€ | 🕮 T4*

SHOPPEN

MARKT

Sansibars größter Markt, *Darajani Market,* ist spätestens ab 9 Uhr früh ein chaotisches Gedränge reich an Farben, Stimmen und Gerüchen. In den Hauptgebäuden von 1904 werden Fisch und Fleisch verkauft (nichts für sensible Nasen), gleich dahinter sammeln sich die Obst-, Gemüse- und Gewürzhändler. Auch sonst gibt es hier von Socken bis zum Fernseher alles zu kaufen, was der Mensch zum Leben braucht. *Creek Road | 🕮 U4*

MOTO HANDICRAFTS

Körbe, Matten und mehr: Hier verkauft eine Kooperative von Kunsthandwerkerinnen, die fair bezahlt

Immer der Nase nach: Der Anbau duftender Gewürze hat auf Sansibar eine lange Tradition

werden, ihre traditionell gefertigten Waren. *Hurumzi Street* | *T4*

ZANZIBAR GALLERY

Sansibars größter Souvenirshop. Die Auswahl ist gut, die Preise sind allerdings hoch. Um die Ecke hat die Gallery einen eigenen Buchladen, den *Gallery Bookshop*. *Kenyatta Road* | *zanzibargallery.net* | *S4*

DOREEN MASHIKA

High-End-Fashion aus Sansibar: Doreen hat in der Schweiz Modedesign studiert und kombiniert afrikanischen Print und Materialien mit europäischen Schnitten. Kauf dir Bleistiftröcke, weite, fließende Kleider und üppige Ketten für den großen Auftritt beim Dinner! *Hurumzi Street* | *doreenmashika.com* | *T4*

SPORT & SPASS

GEWÜRZTOUR ★

Nelken, Muskatnuss, Pfeffer, Vanille und andere exotische Gewürze machten Sansibar einst reich. Die Ernten wurden in alle Welt verschifft – und die Plantagen existieren bis heute. Eine Gewürztour, bei der du die einzelnen Pflanzen (auch Heil- und andere Nutzpflanzen) kennenlernst, ist ein besonderes Naturerlebnis. Nebenbei erfährst du Wissenswertes über den Alltag der Bevölkerung. Die Tour dauert einen halben Tag, Obstbuffet und ein Mittagessen im Suaheli-Stil sind im Preis inbegriffen. Wer mehr Zeit hat, kann auf dem Rückweg die *Sklavenhöhle in Mangapwani* besuchen, die nach Verbot des Sklavenhandels als Versteck genutzt wurde. Zu den besten Anbietern einer Gewürztour gehören *Eco+Culture Sansibar (Preis 25–50 US$, je nachdem wie viele Teilnehmer | Hurumzi Street, gegenüber 236 Hurumzi Hotel | Tel. 024 2 23 37 31, 0755 87 30 66)* und *Mitu Tours (Preis ab 15 US$ | Malawi Road, neben dem ehemaligen Ciné Afrique | Tel. 0733 16 76 20)*. *T4*

PRINZESSIN-SALME-TOUR

Niemand hat auf Sansibar je für einen solchen Eklat gesorgt wie Prinzessin Salme: Die Tochter des Sultans verlor ihr Herz an den deutschen Kaufmann Heinrich Ruete und floh im Alter von 22 Jahren mit ihm nach Deutschland. Die Aufregung war so groß, dass Großbritannien vorsorglich ein Kriegsschiff nach Sansibar verlegte. In Deutschland hatte Salme unter dem bürgerlichen Namen Emily Ruete drei Kinder, sie starb 1924 in Jena. Eine Tagestour zeichnet die ersten Lebensjahre und Sehnsüchte der Prinzessin nach – von den Ruinen ihres Geburtspalasts bis zu ihrer Farm. Die Führung endet mit einer Gewürztour. Besonders liebevoll gestaltet sie *Eco + Culture Tours (Hurumzi Street | Tel. 0755 87 30 66 | 90 US$)*. Die auf Deutsch geschriebenen Memoiren Salmes sind überall auf Sansibar erhältlich. *T4*

INSIDER-TIPP
Ergründe verbotene Liebe

WELLNESS

MREMBO TRADITIONAL SPA

In diesem Studio, gelegen in einem ehemaligen Antiquitätenladen, gibt

Paradiesische Sandbänke und Riffe vor Mafia Island

es Wellness auf Sansibarisch: aus lokalen Zutaten frisch gemischte Cremes und Pasten (du kannst zusehen), die von ausgebildeten Masseuren sanft einmassiert werden. Neben der *Singo* genannten Schönheitsbehandlung, die auch sansibarischen Frauen vor der Hochzeit zuteil wird, gibt es Sandmassagen und andere inseltypische Behandlungen. *Cathedral Street | Baghani | Tel. 0777 43 01 17 | 🕮 T4*

AUSGEHEN & FEIERN

6 DEGREES SOUTH

Wenn du nach dem Abendessen noch weiterziehen willst, tanz auf der Dachterrasse der Grill- und Weinbar zu Afro Beats und R'n'B! Am Freitag und Samstag ab 1 Uhr morgens verwandelt sich das 6 Degrees in die angesagteste Open-Air-Disko mit Blick über die Stadt. *Tgl. ab 10 Uhr | Shangani Waterfront | Tel. 0620 64 46 11 | 6degreessouth.co.tz | 🕮 S5*

BWAWANI DISCO

Du hast keine Lust auf angedüdelte Touris? Dann besuch die *Bwawani Disco* hinter dem Hafen im Stadtteil Malindi, einen auf gefühlte 10 °C runtergekühlten Club am Rand der Altstadt: Hier ist der Tresen mit Plastikrosen dekoriert und die ganze Nacht dudelt Bongo Flavour aus den Boxen. *Tgl. | Funguni Road | im Bwawani Hotel | 🕮 P4*

INSIDER-TIPP **Best of Afro-Trash**

BEACH HOUSE

Schicke Lounge mit großzügiger Terrasse direkt über dem Meer. Die Drinks schmecken hervorragend und hier bekommst du noch bis spät in die Nacht exzellente Fischgerichte und Barfood serviert! Bei Einheimischen ist vor allem die *Tatu-Bar* schräg gegenüber beliebt. Dort wimmelt es aber geradezu vor „Beach Boys", Männern auf der Jagd nach weißen Frauen. *Tgl. 11–2 Uhr | Shangani Waterfront | Tel. 0774 27 14 35 | 🕮 S5*

CULTURE MUSICAL CLUB

Im Clubhaus des gleichnamigen Taarab-Orchesters üben wochentags jeweils ab 18.30 Uhr das Orchester und andere Bands – wer zuhören möchte, ist herzlich willkommen. *Vuga Road | Shangani | T5*

RUND UM SANSIBAR-STADT

Dalla-Dallas sind auf Sansibar im Regelfall besser in Schuss als auf dem Festland. Wer am Transport sparen will, kann vom *Darajani-Busbahnhof (Creek Road | Stone Town)* für ein paar Tausend Schillinge praktisch alle Ziele auf der Insel erreichen.

1 CHANGUU ISLAND

Ca. 20 Min. mit dem Boot

Der schmale, nur ein paar hundert Meter lange Inselstreifen vor der Küste Stone Towns wird auch Gefängnisinsel *(Prison Island)* genannt, nach einer von den Briten errichteten Haftanstalt, die nie benutzt wurde. Attraktion der Insel ist neben dem Strand eine geschützte Kolonie von Riesenschildkröten, die bis zu 200 Kilo schwer werden. Bootstouren organisiert jedes Hotel in Stone Town. *P4*

2 CHEETAH'S ROCK ★

¾ Std. nördl. von Stone Town

Wie verhält man sich gegenüber Geparden, Löwen und anderen Raubkatzen? Jenny, eine Deutsche, hat den Naturpark 2017 gegründet – eine Art Auffangstation für Tierbabys, die verstoßen wurden, und für Hyänen, Zebras oder Affen, die sich verletzt haben. Hier werden die teils vom Aussterben bedrohten Tiere liebevoll gepflegt. Dreimal pro Woche führt dich Jenny in die Welt der Wildkatzen ein und lässt dich für ein paar Stunden ganz nah ran – viel näher als in den Parks in freier Wildbahn und dazu aus Tierschutzgründen unbedenklich. *Buchung unter cheetahsrock.org | ab 15 Jahren | 160 US$ inkl. Abholung vom Hotel und Rückfahrt | P3*

3 CHUMBE ISLAND

Ca. 40 Min. mit dem Boot

INSIDER-TIPP **Bombastisches Naturparadies**

Dem Militär sei Dank: Weil die Insel lange Sperrgebiet war, ist es das einzige Atoll auf dieser Seite der Insel, das noch nicht leer gefischt oder zerstört ist. Hier leben neben 60 Vogelarten auch gigantische, rot leuchtende Krebse, genannt „Palmendiebe". Die Tiere, die eine Spannweite von einem Meter erreichen können, klettern an Palmen hoch, um die Kokosnüsse in den Wipfeln zu knacken. *P5*

4 MAFIA ISLAND ★

Ca. 1 ½ Std. mit dem Flugzeug

Kokospalmen, Cashewhaine, azurblaues Wasser und weiße Sandbänke: Erstaunlich, dass die 20 km lange und 8 km breite Insel bis heute nicht einmal während der Hochsaison überlaufen ist. Die meisten Unterkünfte, die sich rund um *Chole Bay* sammeln, sind luxuriös. Das Inselinnere ist touristisch kaum erschlossen. Mafia ist mit dem Flugzeug von Sansibar-Stadt aus erreichbar. Flugverbindungen bestehen außerdem von Daressalaam, von den Safarirouten im Norden und dem Nationalpark Ruaha. Regulären Schiffsverkehr gibt es keinen. *J6*

NUNGWI

(Q1) **Das Fischerdorf an der Nordspitze Sansibars verdankt seine Beliebtheit dem atemberaubenden, aber meist überfüllten Strand. Hier wird laut und ausgelassen gefeiert.**

Einfache Strandbars, günstige Hotels, zig Souvenirläden und Reggae beherrschen die Atmosphäre am westlich des Dorfs gelegenen *West Beach* und dem sich südlich anschließenden *South Beach*. Tagsüber bieten Frauen an dem schmalen, aber dennoch traumhaft weißen Strand Hennamalereien, Zopfflechten und Massagen an. Anders als an der Ostküste hält sich der Tidenhub hier in Grenzen: Man kann zu jeder Tageszeit vom Ufer aus losschwimmen. Für Schnorchler, Taucher und Hochseeangler ist Nungwi eine beliebte Basis.

Lange bevor die Touristen kamen, war der Ort hauptsächlich als Zentrum der *Dhow*-Fertigung bekannt. Gebaut wird heute immer noch: Am Dorfstrand kannst du den Bootsbauern bei der Arbeit zusehen und die traditionellen Schiffe in ihren unterschiedlichen Stadien bewundern. *Dalla-Dallas von Stone Town | Fahrzeit ca. 2 Std. | Preis ca. 2 Euro*

INSIDER-TIPP
Vom Skelett zum Schiff

In Nungwi wissen die Bootsbauer noch, wie man einen Kiel ohne Nägel fertigt

ESSEN & TRINKEN

GERRY'S BAR

„Klein, aber fein" ist das Motto östlich des Dorfes. Das trifft auf jeden Fall für die Größe der Location, die Auswahl auf der Karte und die Preise zu. Die Portionen hingegen sind ziemlich groß und das Essen lecker. Musik und gute Laune bis in die Nacht. *East Beach, nahe Doubletree Hilton | Tel. 0779 89 77 07 | €*

MARHABA RESTAURANT

Hier gibt es den besten Cappuccino von Nungwi, zusammen mit ausgiebigem Frühstück oder Kuchen. Abends wandelt sich das Café in ein Restaurant mit Suaheli-Küche. Von der großzügigen Holzterrasse genießt man den Seeblick. Kein Alkohol. *West Beach, nahe Langi Langi | €€*

SEA BREEZE RESTAURANT

Exzellente Meeresfrüchte und Fisch-Kreationen à la carte, dazu hervorragender Wein. Für ein Dinner im Restaurant des Resorts „La Gemma dell'Est" darfst du dich gerne schickmachen – solange du keine Highheels trägst: Serviert wird nämlich direkt am Strand. *Di–So 19.30–22 Uhr | Nungwi Road | Tel. 0242 24 01 25 | lagemmadellest.diamondsresorts.com | €€€*

SPORT & SPASS

WASSERSPORT

Die türkis leuchtenden Fluten rund um die nördliche Landspitze von Nungwi laden selbst Sportmuffel ein, sich auf dem und im Wasser zu vergnügen. Ob *Zanzibar Parasailing (zwischen Cholo's Bar und Jambo Brothers | Tel. 0779 07 30 78 | zanzibarparasailing.com)*, *Catamaran Julia (Tel. 0774 44 12 34 | dive-n-sail.com)* oder *Hooked on Fishing (im Z-Hotel | Tel. 0777 33 03 31 | fishzanzibar.com)* – hier ist für jeden etwas dabei.

TAUCHEN ★ ⚑

Zahlreiche Tauchschulen in Nungwi vermieten Equipment und bieten Kurse und Exkursionen an, etwa zum herrlichen *Korallenatoll Mnemba* vor Sansibars Ostküste. Das *East Africa Diving & Watersport Centre (West Beach | Tel. 0777 41 64 25 | diving-zanzibar.com)* ist die älteste Tauchschule vor Ort und hat einen exzellenten Ruf. Alternativ bietet auch *Zanzibar Watersports (Paradise Beach Bungalows | Tel. 0773 23 50 30 | zanzibarwatersports.com)* das volle Programm. Beide Schulen sind PADI-zertifiziert.

YOGA

Starte in den Tag mit Yoga auf einer Terrasse direkt über dem Meer: Marisa, eine zertifizierte Yoga-Lehrerin, bietet jeden Morgen und Abend in den *Flame Tree Cottages* Kurse an (Vinyasa Flow/Dynamic Hatha). Im Garten kann man in einer der Hängematten vorzüglich weiter entspannen. *West Beach, am Dorfrand | Tel. 024 2 24 01 00 | flametreecottages.com | €€*

MNARANI NATURAL AQUARIUM

Im nicht weit vom Leuchtturm angelegten Becken, in das bei Flut Meerwasser schwappt, leben Meeresschild-

Die Karibik Sansibars und einer der Top-Strände der Insel: Kendwa

kröten als Teil eines Schutzprogramms. Bis Anfang der 1990er wurden die bedrohten Tiere noch gejagt – jetzt markieren und bewachen Dorfbewohner und Freiwillige aus der ganzen Welt die Stellen am Strand, an denen die Schildkröten ihre Eier ablegt haben. Im naturbelassenen Aquarium werden die geschlüpften Jungtiere aufgezogen, bis sie zehn Monate alt sind und ins Meer gelassen werden können – das steigert ihre Überlebenschancen deutlich. Das Team des Mnarani Aquariums organisiert auch Ausflüge auf nahegelegene Inseln und in die letzten noch vorhandenen Urwälder Sansibars. *Tgl. 9–18 Uhr | Eintritt 5 US$ | mnaraniaquarium.org | ⏲ 1 Std.*

AUSGEHEN & FEIERN

CHOLO'S BAR

Hier gibt es (Reggae-)Musik und Bier unter Palmen, und zwar rund um die Uhr. Abgesehen davon, dass immer gefeiert wird, ist wenig vorhersagbar. Manchmal wird spontan gegrillt, oft werden nach Sonnenuntergang große Feuer angezündet. *West Beach | Tel. 0777 50 54 34*

KAE BEACH BAR

INSIDER-TIPP
Bezauberndes Farbenspiel

Die Strandbar umrundet von Hängematten und auf Seilen aufgehängten Schaukelbetten ist nicht nur die schönste auf ganz Sansibar. Sie ist der einzige Ort an der Ostküste, an dem man die Sonne im Meer untergehen sieht. Die Kae Beach Bar liegt nämlich abgeschieden in der Chwaka Bucht, an der Westseite einer Halbinsel. Am Freitag kann man hier zu Reggae-Beats bis zum Sonnenaufgang im pulvrig feinen Sand tanzen. Ein paar hundert Meter weiter nördlich vermietet der Besitzer Talib schlichte, günstige 🐷 Beach-Bungalows. *Milele Lodge | Michamvi | Tel. 0774 86 24 24*

RUND UM NUNGWI

5 KENDWA

15 Min. mit dem Auto

Spazier bei Niedrigwasser eine knappe Stunde in Richtung Süden oder fahr mit dem Boot. Der weiße Strand von Kendwa, die Karibik Sansibars, bietet vor allem eines: etwas mehr Ruhe. Außer bei Vollmond, dann pilgern hunderte von Expats, Touristen und Einheimische in das *Kendwa Rocks Beach Hotel* zur *Full Moon Party*, um mit Akrobaten, Feuerspuckern und Tänzern zu feiern bis in den nächsten Tag. *Tel. 0774 41 54 75 | kendwarocks.com | €€ | (Karte) Q2*

SIDER-TIPP
Thailand-Feeling auf Sansibar

MATEMWE & UMGEBUNG

((Karte) Q2) **Die Strände zwischen Nungwi im Norden und den Mangrovenwäldern von Chwaka im Süden gehören zu den schönsten der Insel. Bei Ebbe zieht sich das kristallklare Meer oft weit zurück. Dann kannst du bis zum Riff hinauslaufen.**

Kein Wunder, dass sich hier und an den umliegenden Stränden teure Hotels sammeln und um Hochzeitsreisende werben. Wer an diesem Abschnitt der nördlichen Ostküste Urlaub macht, wählt in der Regel ein Resort als Basis: Restaurants, Sehenswürdigkeiten oder von Hotels unabhängige Infrastruktur gibt es rund um Matemwe kaum.

STRÄNDE

Wer auf der Küstenstraße von Matemwe nach Süden fährt, erreicht einen Traumstrand nach dem anderen – aufgereiht wie auf einer Perlenkette.

KIWENGWA

Der südlich von Pwani Mchangani gelegene Strand ist in der Hand italienischer Pauschaltouristen in ihren Resorts. Die Küste macht das nicht weniger atemberaubend, und außerhalb der Anlagen geht das Leben seinen normalen Gang. Wenn du eines der Hotels hier für deinen Sansibar-Urlaub wählst, unternimm einen ausgedehnten Strandspaziergang bei Ebbe und besuch eines der Dörfer im Hinterland.

PONGWE

Entlang einer sanft geschwungenen Bucht (gut 10 km südlich von Kiwengа) liegt der Strand dieses kleinen Fischerdorfs, in dem Touristen noch eine Nebenrolle spielen. Auf der Insel direkt vor dem Fischerstrand befindet sich das exklusivste Restaurant der Nordostküste *The Island Pongwe (Tel. 0628 34 48 89 | €€€)*. Nirgendwo auf der Insel speist du so romantisch wie hier! Auf den Tisch kommt,

INSIDER-TIPP
Hässlich, aber fein

was im Dorf gefangen und geerntet wurde. Die Bärenkrebse, eine Art Mini-Hummer, schmecken nussig-zart. Unbedingt vorher reservieren!

PWANI MCHANGANI
An diesem Strandabschnitt wenige Kilometer südlich von Matemwe sammeln Frauen und Kinder zwischen Dezember und Februar in den Fluten das Seegras, das dann massenhaft angespült wird. Die Männer fischen und verkaufen ihre Ausbeute auf dem größten Fischmarkt der Region.

SPORT & SPASS

TAUCHEN
Erkunde Sansibars Unterwasserwelt! Mit etwas Glück kannst du auch Mantarochen oder Delfine beobachten. Besonders gut ausgestattet ist das *Deep Zanzibar Diving Center (Tel. 0620 35 82 02 | deepzanzibar.com)* in der Nähe des *Zanbluu Hotels*. In der *Strandbar (€€)* nebenan kann man außerdem vorzüglich essen.

SEGELN
Gleite übers Wasser in einem der traditionellen Segelboote und betrachte die Küste weit draußen vom Meer! Die *Matemwe Lodge (Tel. 0736 50 05 15 | asiliaafrica.com)* bietet zwei hauseigene *Dhows* für Segeltouren an. Nimm unbedingt deine Schnorchelausrüstung und ein großes Handtuch mit, um dich vor der Sonne oder plötzlich auffrischendem Wind zu schützen!

MOTORRADTOUR
Die einfache Unterkunft *Key Bungalows (Tel. 0777 41 17 97 | keys-bungalows-matemwe.zanzibarhotelstoday.com)* in Kigomane vermietet günstig Motorräder, die sich perfekt für einen Ausflug auf eigene Faust ins Landesinnere eignen. Raus aus dem Resort und rein ins Leben!

PAJE

(📖 R5) **Der Ort (3500 Ew.) ist 52 km von Stone Town entfernt und das Zentrum der südlichen Ostküste.**
Wie an den Stränden weiter nördlich, bestimmen auch hier die Gezeiten, wann man strandnah schwimmen kann. Seinen früheren Ruf als Backpacker-Ort hat Paje abgelegt, aber es ist immer noch deutlich ruhiger als in Nungwi im Norden. Die meisten Menschen, die hier Urlaub machen oder am Wochenende aus Dar nach Paje fliehen, kommen wegen des seichten Lagunenwassers – optimale Bedingungen zum Kitesurfen.

ESSEN & TRINKEN

MR. KAHAWA
Bester Kaffee in Paje, beste Smoothies, Kuchen, Salate und Wraps, serviert auf extragroßen Tischen und in Sitznischen, direkt am Strand. Stylisches Lieblingscafé der Kitesurfer – hier kommst du ins Gespräch. Abends gibt's frischen Fisch und Meeresfrüchte im Restaurant nebenan. *Coffee Shop tgl. 8.30–17, Restau-*

rant 18–21 Uhr | Tel. 0628 24 08 63 | €€

THE ROCK

Sogar aus dem Norden Sansibars reisen die Urlauber an, um zumindest einmal in diesem weltberühmten Restaurant zu essen: Auf einem Felsen vor der Küste, 10 km nördlich von Paje. Um die Mittagszeit speist du umspült von Wasser, abends mit Blick in die Sterne. Serviert werden hiesige Zutaten und handgemachte Pasta, zubereitet von einem italienischen Chef: The best of Zanzibar-Italian Fusion. Unbedingt reservieren! *Tgl. 12–22 Uhr | Michamvi | Tel. 0776 59 13 60 | therockrestaurantzanzibar.com | €€€*

INSIDER-TIPP Exklusivstes Dinner der Insel

SPORT & SPASS

KITESURFEN

Kite ist viel schneller zu lernen als Surfen – vor allem, wenn das Wasser so ruhig und flach ist wie hier. Für Anfänger und Fortgeschrittene empfiehlt sich das *Zanzibar Kite Paradise (zanzibarkiteparadise.com/de)*. Etwas günstiger ist das *Airborne Kite and Surf Village (Tel. 0715 54 84 64 | airbornekitecentre.com)*: Ein schlichtes Öko-Camp etwa 10 Minuten zu Fuß vom Zentrum.

TAUCHEN

Das nahe Riff macht Paje und Umgebung auch zu einem perfekten Tauchgebiet für Anfänger: Fast alle Tauchschulen bieten eintägige *fun dives* für

Das ruhige, flache Meer um Paje ist für Kitesurfen geradezu gemacht

Anfänger an, damit man ein Gefühl für den Sport bekommt. Eine renommierte Tauchschule ist das *Paje Dive Centre (Tel. 0777 41 66 14 | pajedive center.com)*.

WELLNESS

WHITE SAND LUXURY VILLAS & SPA

Schickstes Boutique-Hotel in Paje, und dennoch familiär: geräumige Luxus- und Komfortvillen im Süden des Zentrums. Gönn dir eine Massage oder ein Hammam-Bad nach dem Surfen oder genieß einen Cocktail auf der Dachterrasse! *Tel. 0776 26 34 51 | whitesandvillas.com* | €€€

STRÄNDE

BWEJUU

Lang gezogener, von Palmen beschatteter Strand mit weißem Pulversand nördlich von Paje. Die meisten der Resorts, die sich hier aneinanderreihen, verleihen Fahrräder, mit denen man entlegenere Strandabschnitte erreichen kann. *Evergreen Bungalows (14 Zi. | Tel. 0686 91 90 81 | zanevergreenbungalows.com | €)* vermietet eine hauseigene *Dhow*, mit der du bis zum Riff hinausfahren kannst – zum Schnorcheln oder Angeln.

KAE

Strand (auch *Pingwe* genannt) am nördlichsten Ende der Halbinsel. Bis jetzt haben die Resorts dieses Kleinod mit dem feinsten Sand der Insel noch nicht erreicht.

AUSGEHEN & FEIERN

B4 BEACHCLUB

Burger, Cocktails und Beats, mitten am Strand! Hier kommen Liebhaber der elektronischen Musik auf ihre Kosten. Am Freitagabend werden draußen Filme gezeigt. *Tgl. ab 11 Uhr | Tel. 0778 67 27 15 | b4beach.club*

PAJE BY NIGHT

Atmosphärische Open-Air-Bar mit alternativem Charme: Überall stehen Sofas herum und neben dem Billardtisch Kerzenleuchter. Serviert wird Pizza aus dem Ofen und kaltes Bier. *Main Road | Tel. 0772 88 09 25 | pajeby night.net*

RUND UM PAJE

6 JAMBIANI

20 Min. mit dem Auto von Paje

Anders als in den Touristenorten haben die Bewohner dieser Straßensiedlung südlich von Paje ein Zusammengehörigkeitsgefühl entwickelt und arbeiten daran, dass es der Gemeinde im Ganzen besser geht. *Eco + Culture Jambiani (Tel. 0777 46 26 65 | ecocul ture-zanzibar.org)* bietet Touren an, die Besuchern den Alltag der Insel zeigen: Treff einen *Mganga*, einen traditionellen Heiler, oder koch mit den Frauen des Dorfes. Führer *Kassim*

INSIDER-TIPP
Raus aus dem Resort, rein ins Leben

Mande und seine Kollegen haben ideenreiche Programme zusammengestellt. Die Einkünfte aus den Touren fließen in die Dorfkasse und finanzieren Gemeinschaftsausgaben, etwa einen neuen Kindergarten.
Das authentisch gestaltete *Blue Oyster Hotel (Tel. 024 2 24 01 63 oder 0783 04 57 96 | zanzibar.de | €)* unter Leitung eines Westfalen verfügt über ein Restaurant mit Kuppeldach und großer Terrasse mit Meerblick. Serviert werden fantastisch frische Fischgerichte.
Die *Trattoria (tgl. ab 12 Uhr | Tel. 0779 00 43 69 | villaggiosecondastella.it | €)* des *Villaggio Seconda Stella a destra* ist auch bei Einheimischen äußerst beliebt: Hier bekommst du hauchdünne Holzofen-Pizza mit hohem, teigigem Rand; Prosciutto, Salami und Mozzarella importieren die Besitzer aus Rom. Die beiden schwören drauf, dass der Teig am Äquator noch besser als in ihrer Heimat geht. Überzeug dich selbst! *R5*

7 JOZANI-CHWAKA BAY NATIONAL PARK ★

10 Min. mit dem Auto von Paje

In diesem letzten tropischen Urwald der Insel kann man erahnen, wie das Binnenland Sansibars einmal aussah: grün und dicht bewaldet. Nach Jahrzehnten kommerzieller Abholzung ist davon leider nicht mehr viel übrig geblieben. Forscher vermuten, dass im Park mehrere endemische Tierarten leben, wie etwa der Rotkopf-Guereza und andere Affenarten. Daneben leben auf dem Areal an die 40 Vogelarten, kleine Antilopen und

Eine Stummelaffenfamilie im Nationalpark von Jozani-Chwaka Bay

Buschschweine, die man bei einem Rundgang aus der Nähe beobachten kann. Ein Knüppelsteg führt durch die dichten Mangrovenwälder. *Tgl. 7.30–17 Uhr | Eintritt inkl. einer geführten Tour 10 US$ | 3 Std. | Q–R 4–5*

PEMBA

(J4) **Sansibars 50 km entfernter Nachbar (406 000 Ew.) wird auch die „Grüne Insel" genannt. Denn wo keine Bäume stehen, erstrecken sich Plantagen: Die meisten von**

Willkommen im Paradies: das Luxusresort Fundu Lagoon im Süden von Pemba

Sansibar exportierten Gewürznelken stammen von Pemba.

Der Tourismus ist hier noch relativ jung, es gibt viel weniger Unterkünfte als auf Sansibar und praktisch keine Restaurants. Der Islam wird auf der Insel strikter ausgelegt als auf Sansibar. Auch deshalb konzentriert sich der Strandtourismus auf die wenigen Lodges. Gleichzeitig ist die Insel seit jeher für ihre Voodoo- und traditionellen Heiler berühmt: Aus ganz Ostafrika kommen Kranke und bitten um Hilfe.

Dass die Insel vor Jahrhunderten eine bedeutende Rolle gespielt haben muss, belegen zahlreiche Ruinen von Moscheen und Befestigungsanlagen, Häusern und Grabstätten, die du bei einer Fahrt über die Insel entdecken kannst.

Von Sansibar fahren unregelmäßig Schiffe zur Hafenstadt *Mkoani,* die Fahrt dauert mind. acht Stunden *(Infos im Hafen von Sansibar).* Einfacher ist der 20-minütige Flug *(mehrmals täglich)* nach *Chake Chake:* Die Propellermaschinen fliegen Pembas Inselhauptstadt so tief an, dass man eine fantastische Sicht auf die Riffwelt unter sich hat. Chake Chake (40 000 Ew.) selbst ist eine lebhafte Stadt, gelegen an einer malerischen Bucht. Hier ist die historische Bedeutung Pembas noch am ehesten sichtbar – z. B. bei einem Besuch des alten Forts aus dem 18. Jh. am Fischereihafen oder in der historischen Altstadt.

STRÄNDE

KIGOMASHA

Die meisten Urlauber kommen zur Halbinsel Kigomasha im Nordwesten der Insel, um am herrlichen *Vumawimbi Beach* zu relaxen. Der vielleicht schönste Strand von Pemba zieht sich über Kilometer entlang eines dichten Waldstreifens. Das nächste Hotel, das wenige Kilometer entfernte *Manta Resort (Tel. 0776 71 88 52 | themantaresort.com | €€€)*, betreibt auch eine eigene Tauchschule.

SPORT & SPASS

NGEZI FOREST RESERVE

Der gut 2 km lange Spaziergang durch den letzten verbliebenen Urwald auf der Ngezi-Halbinsel im äußersten Norden Pembas lohnt sich besonders am Abend oder bei Nacht: Dann sind Fledermäuse und Eulen aktiv. Aber auch am Tag gibt es im Waldreservat Vögel und andere Tiere zu beobachten, die hilfreichen Ranger (nicht alle sprechen Englisch) sparen nicht mit Informationen. Nachtbesuche nur auf Anfrage, deshalb vorab arrangieren. *Tgl. 7.30–15.30 Uhr | Tourpreise je nach Dauer und Umfang von 5 US$ (kurze Tour) über 10 US$ (mit Birdwatching) bis mind. 50 US$ bei Touranbietern (inkl. Transport, Verpflegung und Führung)*

STIERKÄMPFE

Wenn die Ernte eingeholt ist und die Regenzeit noch auf sich warten lässt, werden aus den einheimischen Bauern Matadore, die sich mutig einem Stierkampf stellen – offenbar ein Erbe der portugiesischen Besatzer im 16. Jh. Der Stier wird am Ende nicht getötet, sondern mit Blumen dekoriert. Zwischen August und November ist Hauptsaison. Genaue Daten und Orte erfährst du in deinem Hotel.

WELLNESS

FUNDU LAGOON ★

Das Resort im Süden der Insel erfüllt alle Ansprüche an einen luxuriösen Urlaub der Extraklasse. Am hauseigenem Strand gibt es Massagen mit Meerblick auch für Nicht-Gäste. Einsam gelegen hat das Resort zudem ein umfangreiches Freizeitprogramm mit Tauchen, Schnorcheln und Bootstouren. *16 Zi. | nahe Mkoani | Tel. 0777 43 86 68 | fundulagoon.com | €€€*

SCHÖNER SCHLAFEN AUF SANSIBAR

ÖKO, SOZIAL, LECKER

Das Öko-Design-Hotel *Zuri Zan* investiert auch in soziale Projekte in der Dorfgemeinschaft. Es besteht aus 55 luxuriösen Bungalows mit Terrasse und Hängematte, über einen Gewürzgarten auf einem Hügel verteilt. Hier wird sogar das Waschen zu einem Erlebnis: Jeder Bungalow ist mit einer Außendusche ausgestattet, versteckt hinter Bananenbäumen, Palmen und Feng-Shui-Brunnen. Das Essen ist einfach göttlich! Der norwegische, Swahili sprechende Chef gilt als der beste der Insel. *55 Bungalows | Kendwa | Tel. 0245 5 00 11 | zurizanzibar.com | €€€*

ERLEBNIS TOUREN

Lust, die Besonderheiten der Region zu entdecken? Dann sind die Erlebnistouren genau das Richtige für dich! Ganz einfach wird es mit der MARCO POLO Touren-App: Die Tour über den QR-Code aufs Smartphone laden – und auch offline die perfekte Orientierung haben.

1 TANSANIA PERFEKT IM ÜBERBLICK

- Erkunde drei Unesco-Weltnaturerbe-Stätten
- Erhol dich unter Kokospalmen
- Übernachte am Kraterrand des Ngorongoro-Vulkans

Jambiani

Malaika Beach Resort

knapp 1900 km

10 Tage, reine Fahrzeit: 34 Std.

Kosten: ca. 4500 Euro für zwei Personen
Mitnehmen: Ladegeräte, Adapter, Offline-Navigation, Regen-, Sonnen- und Mückenschutz
Achtung: Pass und Visum kopieren; Originale nicht aus der Hand geben. Ankunft im Hotel spätestens zur Abenddämmerung. Miet besser einen Jeep mit Fahrer.

In Tansania wird eine Ladefläche schnell zum Schulbus

VON DER GEWÜRZINSEL IN DIE HAUPTSTADT

Nach der Landung auf der Gewürzinsel **Sansibar** fährst du per Taxi in das schöne, kleine **Blue Oyster Hotel ➤ S. 111** direkt am Strand. Die Anlage liegt etwa eine Stunde vom Flughafen entfernt im ruhigen **❶ Jambiani**. Am Traumstrand unter Kokospalmen verfliegt aller Reisestress. Bei Ebbe spazierst du in Richtung Riff hinaus, bei Flut nimmst du ein Bad. Danach genießt du im hauseigenen Restaurant fangfrischen Fisch.

Am nächsten Morgen besuchst du **❷ Stone Town ➤ S. 96**, die exotische Hauptstadt Sansibars, wo enge Gassen, Paläste und kunstvoll verzierte Portale den Charme von 1001 Nacht versprühen. Hier kannst du nach den Spuren der Araber, Inder, Perser und Europäer suchen, die hier einst geherrscht haben oder bis heute leben – in Architektur, Kunst und in der Küche. Vergiss nicht, einen mindestens knielangen Rock zu tragen und deine Schultern zu bedecken – über 95 Prozent der Bevölkerung sind Muslime. Auf dem **Darajani Market** lernst du neue Gewürze kennen und begutachtest sansibarische Stoffe. Besuch danach das **Haus des Sklavenhändlers Tippu Tip** und den ehemaligen **Sultanspalast**. Anschließend setzt dich eine Fähre vom

TAG 1

❶ Jambiani

TAG 2

57 km

❷ Stone Town

95 km

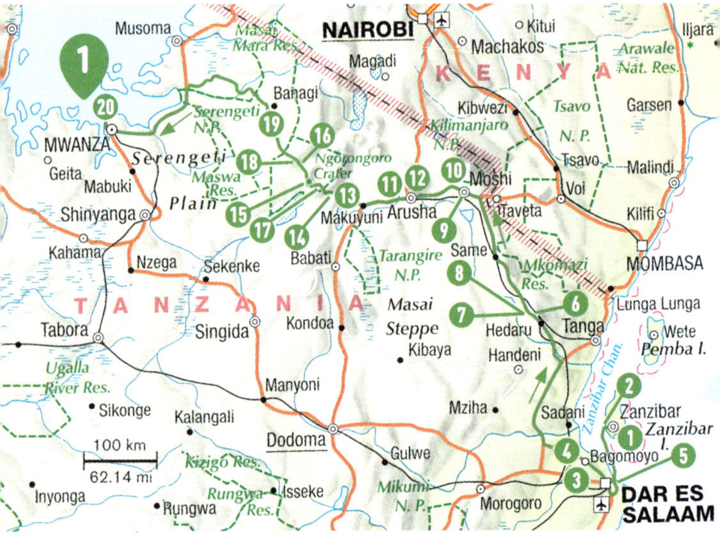

[illegible] in Tansanias pulsierende Metropole Daressalaam ➤ S. 78 über. Nimm ein Taxi zum ③ Coral Beach Club (*Tel. 0784 25 61 14*), wo du zwei Nächte bleibst und lass den Tag am Meer ausklingen.

③ Coral Beach Club

GOODBYE STRAND, HALLO KILIMANDSCHARO

TAG 3

66 km

④ Bagamoyo

89 km

⑤ Kipepeo Beach

Voller Geschichte steckt ④ Bagamoyo ➤ S. 87, einst bedeutender Sklavenhafen und später Hauptstadt Deutsch-Ostafrikas. Für den Ausflug in die alte Kolonialstadt mit ihren Ruinen und der ältesten Kirche Ostafrikas, den Salzfeldern, der Dhow-Werft und der alten Karawanserei solltest du dir einen ganzen Tag Zeit lassen. Buche im Hotel einen Guide mit Fahrer und brich nicht zu spät auf. Sag nach der Rückkehr am ⑤ Kipepeo Beach ➤ S. 85, Dars angesagtestem Strand, dem Meer gepflegt Lebewohl.

TAG 4

391 km

⑥ Lushoto

5,5 km

Miete morgens einen Geländewagen mit Fahrer, mit dem du *ins Landesinnere aufbrichst*. Als erster Stopp bieten sich die Usambara-Berge an. *In Mombo führt die Straße hinauf nach* ⑥ Lushoto ➤ S. 123. Nach rund fünf Stunden Fahrt hast du das ehemals deutsche Wilhelmstal erreicht. *Vom Ort führt ein unbefestigter Weg über gut fünf Kilometer bis zur* ❼ Irente Farm Lodge ➤ S. 123. Stärke dich hier bei Kaffee und Kuchen. Vor dem Abendessen empfiehlt es sich, weiter zum ❽ Irente Aussichtspunkt *(Eintritt ca. 1 Euro)* zu wandern und den atemberaubenden Blick in die Ebene zu genießen.

Von den Usambara-Bergen sind es gut fünf Stunden bis nach ❾ Moshi ➤ S. 71, am Fuß des Kilimandscharo ➤ S. 67. Wer Afrikas höchsten Berg besteigen möchte, findet hier die größte Auswahl an Veranstaltern und kundigen Führern, doch allein der Anblick des majestätischen, schneebedeckten Gipfels lohnt den Zwischenstopp. In der Gegend wird zudem einer der besten Kaffees der Welt angebaut. Lass dir einen Cappuccino im Union Cafe nicht entgehen! Besuch im Anschluss das vom deutschen Bauhaus-Architekten Ernst May entworfene KNCU-Building in der Innenstadt und kehr für die Nacht in der ❿ Kaliwa Lodge ➤ S. 73 ein. Sie liegt *außerhalb von Moshi auf dem Weg nach Arusha.* Von hier hast du einen traumhaft schönen Blick auf den höchsten freistehenden Berg der Welt.

NACH WESTEN ZUM WELTGRÖSSTEN KRATER

Nach einem ausgiebigen Frühstück geht es *weiter in Richtung Arusha.* Lass dir im Hotel ein Lunch-Paket mitgeben, denn im Nationalpark selbst gibt es nichts mehr. Im Schatten von Kilimandscharo und Mount Meru liegt der ⓫ Arusha National Park ➤ S. 67. Der Parkeingang befindet sich *rund 20 Kilometer vor der Stadt, bei dem Dörfchen Usa River.* Nach der Safari durch die „kleine Serengeti" ist es vom nördlichen Parkausgang nur ein kurzer Weg zur ⓬ Hatari Lodge ➤ S. 73, eine mit Design aus den 60er-Jahren ausgestattete Ranch. Hier kannst du wunderbar zu Abend essen und dabei mit etwas Glück an den Momella-Seen Büffel und Giraffen beobachten.

Das nahe Arusha ➤ S. 64 ist Tansanias drittgrößte Stadt und Zentrum der Safari-Veranstalter, aber du fährst *weiter nach Westen,* zum ⓭ Lake Manyara ➤ S. 56, am Fuß eines 600 m aufrangenden Plateaus. Früher jagte hier Ernest Hemingway, heute ist dieser kleine Park ein

❼ Irente Farm Lodge
2 km
❽ Irente Aussichtspunkt
TAG 5
260 km
❾ Moshi
24 km
❿ Kaliwa Lodge
TAG 6
79 km
⓫ Arusha National Park
46 km
⓬ Hatari Lodge
TAG 7
159 km
⓭ Lake Manyara
13 km

⑭ Manyara Serena Lodge

TAG 8

61 km

⑮ Ngorongoro

35 km

⑯ Olduvai-Schlucht

47 km

⑰ Rhino Lodge

TAG 9

56 km

⑱ Serengeti

82 km

⑲ Seronera Wildlife Lodge

Paradies für Vögel. Nach gut drei Stunden Fahrzeit bist du schon in der ⑭ Manyara Serena Lodge ➤ S. 57. Lass dir dort einen *Game Drive* am Nachmittag organisieren. Mit etwas Glück siehst du Löwen, die nur hier auf Bäume klettern, und Schwärme von Flamingos.

Nicht einmal zwei Autostunden entfernt erhebt sich imposant ein erloschener Vulkan aus der Ebene. Durch den Kessel des ⑮ Ngorongoro ➤ S. 52, des größten Kraters der Welt, ziehen Elefanten, Löwen, Leoparden und vieles mehr. Nirgendwo sonst in Afrika leben so viele Tiere auf so engem Raum. Die nahe ⑯ Olduvai-Schlucht ➤ S. 53 gilt als eine Wiege der Menschheit: 3 Mio. Jahre alt sind die Fossilien unserer Vorfahren, die Archäologen hier gefunden haben. Gönn dir eine Nacht in der rustikalen ⑰ Rhino Lodge *(ngoro ngoro.cc)* am Kraterrand!

DURCH DIE SERENGETI ZUM VIKTORIASEE

Die ⑱ Serengeti ➤ S. 46 ist Afrikas berühmtester Nationalpark. Hunderttausende Gnus, Gazellen und Zebras durchwandern die weite Ebene. Die *Great Migration*, die größte Tierwanderung der Welt von Ngorongoro in die nördlich anschließende Massai Mara und wieder zurück ist ein unvergessliches Spektakel. Bis zur ⑲ Seronera

Zebra- und Gnu-Herden im Ngorongoro-Krater

Wildlife Lodge ➤ S. 48, von der es am Nachmittag auf Safari geht, solltest du gut vier Stunden einkalkulieren.

TAG 10

320 km

⑳ Malaika Beach Resort

Brich früh auf und nutze deinen *Serengeti-Game-Drive* zur *Weiterreise nach Westen*. Hier wird die Vegetation dichter, Wälder und Hügel lockern die Landschaft auf. Schließlich erreichst du bei Mwanza ➤ S. 44 Tansanias Küste am Viktoriasee. Du übernachtest im *außerhalb gelegenen* ⑳ Malaika Beach Resort *(malaikabeachresort.com)*. Im Pool mit Blick auf den Viktoriasee lässt du hier deine Eindrücke Revue passieren. Mit Kilimandscharo, Ngorongoro-Krater und der Serengeti-Migration hast du immerhin drei Unesco-Weltnaturwunder gesehen. Der kostenlose Hotelshuttle bringt dich am nächsten Morgen zum Flughafen für die Rück- bzw. Weiterreise.

2 SELOUS: AUSFLUG IN AFRIKAS GRÖSSTES WILDRESERVAT

- ➤ **Beobachte Zebraherden, die durch Flussbecken ziehen**
- ➤ **Bade unter Sternen und schlaf in traditioneller Makonde**
- ➤ **Fahr mit dem Boot vorbei an Mangroven und Krokodilen**

Start: Daressalaam

Ziel: Daressalaam

Strecke: knapp 1200 km

Dauer: 6 Tage, reine Fahrzeit ca. 20 Stunden

Kosten: ca. 3000 Euro für zwei Personen
Mitnehmen: Wanderschuhe, Regenkleidung, Sonnen- und Mückenschutz, Ladegeräte, Adapter, Offline-Navigation
Achtung: Nach der Regenzeit sind viele Lehmstraßen nicht passierbar, drum haben die meisten Lodges April-Juni geschl. Anreise von Dar auch mit dem Flugzeug *(Coastal Aviation und Zanair)* und per Zug *(Tazara-Railway bis Kinyanguru, Fuga oder Matambwe | Abfahrt vom Tazara-Bahnhof | tazarasite.com)* möglich.

TAG 1

❶ Daressalaam

300 km

❷ Foxes Safari Camp Vuma Hills

ZWISCHENSTOPP BEI ZEBRAS UND GNUS

Wegen schlechter Straßen dauert die Fahrt von ❶ Daressalaam ➤ S.78 mit dem Auto bis zu 12 Stunden bis zum Selous. Deshalb solltest du einen Zwischenstopp im Mikumi National Park einlegen, dessen Landschaft an die Serengeti erinnert. Der Nordwesten beeindruckt mit spektakulären Steinformationen und Baobabs. Im ❷ Foxes Safari Camp Vuma Hills *(vumahills.com | €€€)* übernachtest du in Luxuszelten und kannst am Nachmittag Zebra-, Gnu- und Antilopenherden beobachten, die durch die Grassavanne und die Überschwemmungsgebiete des Mkata-Flusses ziehen.

TAG 2

256 km

❸ Sable Mountain Lodge

Einige Autostunden liegen noch vor dir bis zum Selous Game Reserve. Bester Ausgangspunkt ist die ❸ Sable Mountain Lodge *(tentwithaview.com | €€€)*. Mit etwas Glück kannst du in den Hügeln rund um die Lodge Tiere beobachten: Zwischen Dezember und Mai versammeln sich hier Säbelantilopen, die sonst überwiegend in der Sahara vorkommen.

INSIDER-TIPP
Wüstentiere in den Bergen

TAG 3

90 km

Am nächsten Tag erkundest du den Park mit dem Jeep und zu Fuß. Giraffen, Büffel oder Elefanten sind leicht

Auch bei Regen geht es im Selous raus auf den Fluss

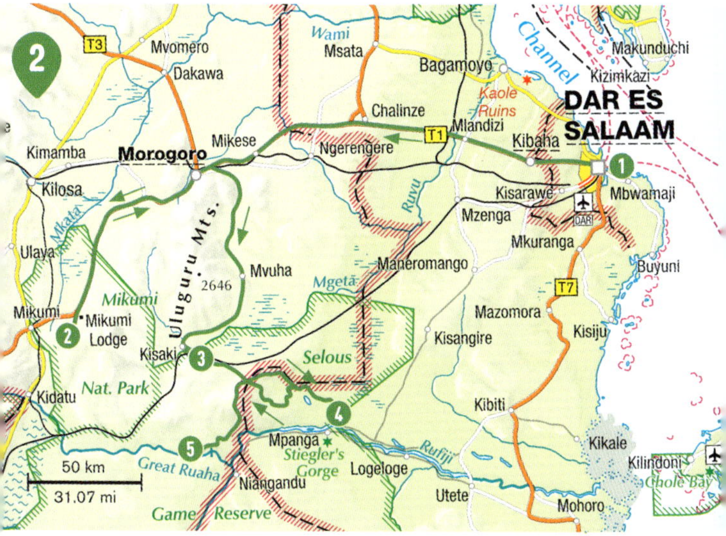

zu finden; wer nach Löwen sucht, muss ein wenig Geduld mitbringen. Anders als in den Nationalparks des Nordens triffst du hier selten auf andere Safarigruppen. Um die Vielfalt des Reservats zu erleben, übernachtest du in verschiedenen Lodges. Das ❹ **Rufiji River Camp** *(rufijirivercamp.com | €€€)* ist die älteste Lodge des Reservats und liegt auf einem Kliff über dem Fluss. Mit dem Boot fährst du direkt ins Naturparadies mit Flusspferden und Krokodilen. Lange Uferstrecken sind mit Mangroven bewachsen – ein Anblick, wie es ihn kaum noch in Afrika gibt.

❹ Rufiji River Camp

ROMANTIK PUR NACH SO VIEL NATUR

Bei Sonnenaufgang beobachtest du, wie die Tierwelt des Parks zum Leben erwacht. Danach geht es weiter zum romantischen Rückzugsort ❺ **The Retreat** *(retreat-africa.com | €€€)*. Genieß ein Bad unterm Sternenhimmel auf deiner Terrasse, bevor du dich in einem traditionellen „Liebeslernbett", der *Makonde*, zur Ruhe legst.

TAG 4
135 km
❺ The Retreat

Auf der Rückfahrt auf derselben Strecke solltest du noch einmal im **Mikumi National Park** übernachten. Am

TAG 5-6
398 km

① Daressalaam

Nachmittag des Folgetages bist du wieder zurück in ① Daressalaam.

③ GRANDIOSE AUSBLICKE IN DEN USAMBARA-BERGEN

- ➤ Such nach Spuren der Deutschen im ehemaligen Wilhelmstal
- ➤ Koste tansanischen Wein und Vollkornkuchen
- ➤ Blick über saftig grüne Hügel bis nach Kenia

Moshi

Mtii

ca. 415 km

5 Tage
reine Fahrzeit
gut 12 Stunden

Kosten: ca. 1250 Euro für zwei Personen
Mitnehmen: Wanderschuhe, Regenkleidung, Sonnen- und Mückenschutz, Ladegeräte, Adapter, Offline-Navigation
Achtung: In oder kurz nach der Regenzeit können Straßen unpassierbar sein. Zum Ende der Trockenzeiten sind die meisten Wasserfälle wenig ansehnlich; beste Zeit: Juni und Dez.

TAG 1
① Moshi
116 km
② Mkomazi National Park
7 km
③ Babu's Camp

DURCH STAUBIGE EBENEN ZU DEN VEILCHEN

Oranisier dir in ① Moshi ➤ S. 71 über dein Hotel einen Fahrer, der dich in die Usambara-Berge fährt. Hier machen viele einheimische Sportfreaks Urlaub – das Hochland rund um Arusha ist toll zum Mountainbiken oder Klettern. *Zunächst geht es an den Pare Mountains vorbei.* Von der kleinen Stadt Same machst du einen Abstecher in den ② Mkomazi National Park an der Grenze zu Kenia. Mit etwas Glück kannst du dort schwarze Nashörner, Zebras und Elefanten sehen. Übernachte *im 11 km vom Eingang (dem Zange Gate) entfernten* ③ Babu's Camp *(Tel. 027 2 54 88 40 | €€).*

Weiter geht es in Richtung Süden; in Mombo biegst du links ab. Beinahe minütlich ändert sich die Vegetation: die staubige, rote Ebene wird schnell von saftig grünen Akazienwäldern abgelöst. Euphorbien, Riesenfarne, Lobelien und einheimische Baumarten bilden einen tropischen Bergwald, wie man ihn sonst nur im Westen Afrikas sieht, – und natürlich wachsen hier auch die berühmten Usambara-Veilchen. Vom Dorf Soni aus kannst du dann die ersten Wasserfälle erkennen. Das ❹ Soni Falls Resort *(Tel. 0715 38 46 03 | €)* bietet gemütliche Zimmer und schmackhaftes Essen. Hier gibt es sogar lokal produzierten Wein und Macadamia-Nüsse aus dem nahen Benediktinerkloster! Die Wasserfälle sind nur ein paar Minuten zu Fuß entfernt.

INSIDER-TIPP
Probier tansanischen Wein

TAG 2
155 km
❹ Soni Falls Resort

KOLONIALGESCHICHTE UND HERRLICHE AUSSICHTEN

Nach kurzer Fahrt erreichst du am nächsten Tag ❺ Lushoto, das ehemalige Wilhelmstal. Den deutschen Kolonialisten galt das Dorf auf 1500 Metern als Oase, in der man der Hitze der Ebene und der Schwüle der Küste entfliehen konnte. Mach dich auf die Suche nach dem Gouverneurshaus (im holländischen Stil) und der Lutherischen Kirche. Lushoto ist auch Ausgangspunkt mehrerer Wanderungen. Lohnend und nicht zu anstrengend ist der gut 5 km lange Weg, vorbei an der ❻ Irente-Farm *(irentefarm lodge.com | auch Übernachtung | €)* – vor allem, wenn du deutsches Brot vermisst: Hier werden nicht nur Obst und Gemüse, sondern auch Vollkornbrot und selbstgemachter Käse verkauft (die Manufaktur kann besucht werden). Zum ❼ Irente-Aussichtspunkt *(Eintritt ca. 1 Euro)* ist es nicht mehr weit. Von hier blickst du 1000 m steil nach unten. Danach übernachtest du in der ❽ Muller's Mountain Lodge *(mullersmoun tainlodge.co.tz | €)*, einem Haus aus den 1930er-Jahren mit Charme und großem Garten.

INSIDER-TIPP
Käsestulle made in Tansania

TAG 3
13 km
❺ Lushoto
5 km
❻ Irente-Farm
2 km
❼ Irente-Aussichtspunkt
20 km
❽ Muller's Mountain Lodge

TAG 4

17 km

❾ **Magamba Regenwald**

71 km

❿ **Mambo View Point Eco Lodge**

Morgens fährst du mit deinem Guide zum ❾ **Magamba Regenwald**, durch dessen Äste sich Colobus-Affen schwingen. Bei der Wanderung hinauf zum Magamba Peak auf gut 1800 Metern kannst du auch eine während des 1. Weltkriegs gegrabene **Höhle** besuchen. Die Deutschen nutzten sie während des ersten Weltkriegs als Versteck. Nach dem Lunch auf der **Aussichtsplattform** geht es *zurück ins Tal und mit dem Auto auf holprigen Straßen in Richtung Norden nach Mambo.* In der ❿ **Mambo View Point Eco Lodge** (*mamboviewpoint.org* | *€–€€*) übernachtest du im Hauszelt oder Cottage und genießt den Blick in die Pare Mountains.

AM ENDE DER WELT

TAG 5

10 km

⑪ Mtii

Nach dem Frühstück steigst du ab nach Mtae. Das Dorf, das 2015 endlich Anschluss ans Stromnetz erhalten hat, zieht sich über den Grat bis hin in die alte Siedlung ⑪ Mtii. Am Aussichtspunkt hast du den Eindruck, du seist am Ende der Welt: Zu drei Seiten hin geht es über tausend Meter steil nach unten. Hier lebte einst ein König, der sich auf das Regenmachen verstanden haben soll. Das Panorama ist atemberaubend – bei guter Wetterlage reicht der Blick bis nach Kenia. Zurück in Mtae steigst du wieder ins Auto und fährst nach Lushoto.

4 SANSIBAR PUR: STONE TOWN UND STRÄNDE, INSELN UND GEWÜRZE

- Weck bei einer Gewürztour deine Sinne
- Schnorchle zwischen Meeresschildkröten
- Besuch Sultanspaläste, Moscheen und Hindu-Tempel

Start: Fischmarkt

Ziel: Kendwa Rocks Beach Hotel

Strecke: ca. 130 km

Dauer: 3 Tage, reine Fahrzeit knapp 5 Stunden

Kosten: ca. 650 Euro für 2 Personen
Mitnehmen: Badesachen, Sonnenschutz
Achtung: Buch keine Touren/Ausflüge auf der Straße. Bei viel Gepäck solltest du schon vor dem Marktbesuch ins Hotel einchecken.

DURCH STONE TOWN ZU DEN SCHILDKRÖTEN

TAG 1

① Fischmarkt

0,5 km

Östlich des Hafens von Sansibar-Stadt liegt im Malindi-Viertel der ① Fischmarkt. Lass dich hier am frühen Morgen treiben! Geh dann weiter *durch die Mizingani Road zur Old Dispensary,* einer liebevoll restaurierten Klinik und Apotheke. Auf deren Rückseite liegt das

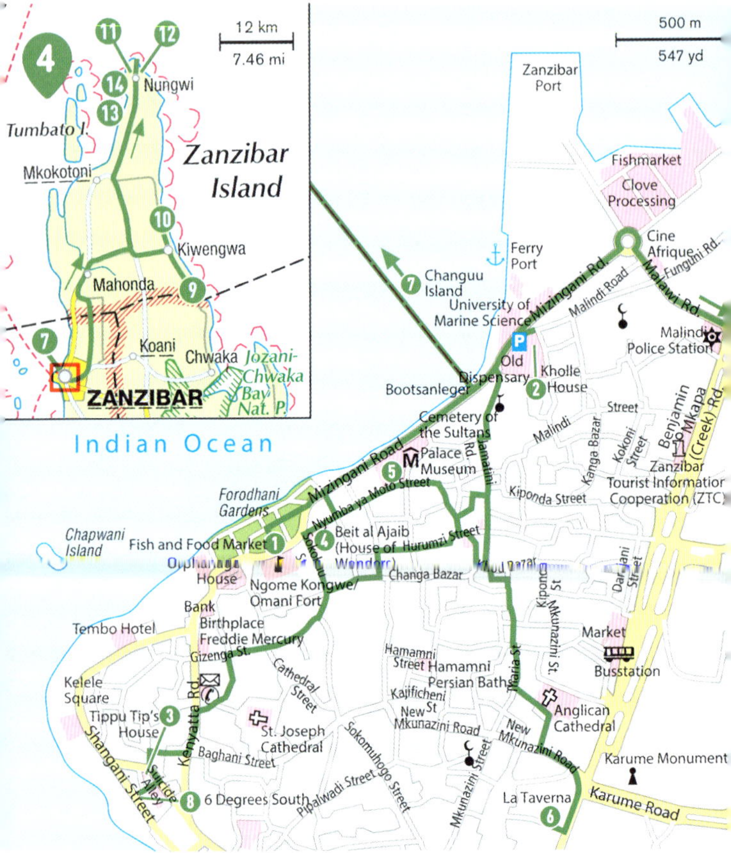

❷ Kholle House
1,6 km
❸ Haus des Sklavenhändlers Tippu Tip
0,5 km
❹ Beit al-Ajaib
0,2 km
❺ Palast Museum
0,8 km
❻ La Taverna

❷ **Kholle House** *(khollehouse.com | €€)*, in dem du übernachtest. Nach dem Check-in hast du Zeit, die **Stone Town** ➤ S. 96 mit ihrem Gewürzmarkt und Kunsthandwerk- und Designläden zu erkunden. In den verwinkelten Gassen kann man sich leicht verirren, nimm dir deshalb am besten einen Führer. Das ❸ **Haus des Sklavenhändlers Tippu Tip**, das ❹ **Beit al-Ajaib**, das nur noch von außen zu bestaunende „Haus der Wunder", und das ❺ **Palastmuseum** solltest du auf keinen Fall verpassen. Halte auch Ausschau nach den berühmten Sansibar-Türen! Stärke dich bei einem späten Mittagessen zum Beispiel im ❻ **La Taverna** *(Mo–Sa 11–*

23 Uhr | Creek Road | Tel. 0776 65 03 01 | €€), etwas versteckt am Rande der Altstadt, bevor du 20 Minuten mit dem Boot *vom Hafen nach* ❼ Changuu Island ➤ S. 103 fährst. Einst wurden hier Menschen gefangen gehalten, bevor sie in Stone Town als Sklaven verkauft wurden. Heute ist die Insel bekannt für ihre Aldabra-Riesenschildkröten, deren Aufzuchtstation du besuchst. Zurück in der Stadt isst du auf der Terrasse des ❽ 6 Dregrees South ➤ S. 102 zu Abend. Das stylische Restaurant ist bekannt für gute Burger, Cocktails, Steaks und seinen tollen Ozeanblick.

❼ Changuu Island
7 km
❽ 6 Dregrees South

GEWÜRZE UND BADESPASS, ITALIENISCHES FLAIR UND PORTUGIESISCHE RUINEN

Am zweiten Tag begibst du dich auf eine Gewürztour ➤ S. 101 zu verschiedenen Plantagen – ein ganz besonderes Erlebnis für alle Sinne! Dann ist endliche Zeit für den Strand. *An der Nordostküste* lockt nach etwa einer Stunde Taxifahrt die noch wenig bekannte ❾ Bucht von Pongwe ➤ S. 107. Nach dem Badestopp checkst du *bei Kiwengwa* in die ❿ Shooting Star Lodge *(shootingstarlodge.com | €€)* ein. Inmitten italienischer All-Inclusive-Hotels hat sich dieses First-Class-Haus seinen Charme bewahrt. Vom Pool aus hast du einen atemberaubenden Blick über die Küste und spazierst vor dem Dinner noch entlang am Strand.

TAG 2
54 km
❾ Bucht von Pongwe
11 km
❿ Shooting Star Lodge

Weiter geht es mit dem Taxi zur Nordspitze der Insel, nach Nungwi ➤ S. 104. Nach rund 45 Minuten hast du das ⓫ Mnarani Natural Aquarium mit seinen Meeresschildkröten erreicht. *Vor dem Aquarium* leihst du dir ein Fahrrad bei ⓬ Nungwi Cycling Adventure *(10 US$/Tag | Tel. 0778 67 76 62 | nungwicycling@gmail.com)* und lässt dir vom Führer Dörfer, Bootsbauer, Fischer, portugiesische Ruinen und Höhlen zeigen. Hervorragend essen kannst du danach im einfachen ⓭ Mocco Beach Restaurant *(Tel. 0772 17 17 77 | €)* in Kendwa. Zur Übernachtung empfiehlt sich das hippe ⓮ Kendwa Rocks Beach Hotel *(Tel. 0774 41 54 75 | kendwarocks.com | €€)*, wo du dir eine Schnorchelausrüstung leihen kannst und danach beim Sonnenuntergang herrlich frischen Fisch im Restaurant genießen.

TAG 3
42 km
⓫ Mnarani Natural Aquarium
0,1 km
⓬ Nungwi Cycling Adventure
6 km
⓭ Mocco Beach Restaurant
1 km
⓮ Kendwa Rocks Beach Hotel

GUT ZU WISSEN

DIE BASICS FÜR DEINEN URLAUB

ANKOMMEN

+ 2 Stunden Zeitverschiebung

während der europäischen Sommerzeit: +1 Stunde

ANREISE

Urlauber, die in den Süden reisen, kommen am *Nyerere International Airport* in Daressalaam an. Swiss Air fliegt fünf Mal wöchentlich ab Zürich (mit Zwischenlandung in Nairobi), Turkish Airlines und KLM täglich (über den Kilimanjaro International Airport).

Wer dagegen in den Norden will, bucht besser einen Flug zum *Kilimanjaro International Airport* zwischen Moshi und Arusha. Condor fliegt den Airport einmal wöchentlich an (Direktflug), Ethiopian Airlines (über Addis Abeba) und KLM täglich (über Amsterdam). Precision Air und Air Kenia verbinden den Kilimanjaro Airport mit Nairobi.

Sansibars winzigen Flughafen fliegt Condor direkt an, daneben auch Ethiopian Airlines, Emirates und KLM. Oman Air fliegt günstig über Muscat nach Sansibar *(omanair.com)*. Außerdem bieten Turkish Airlines (über Istanbul) und Qatar Airways (über Doha) Flüge an.

Die Preise für Flugtickets kosten 500 bis 1100 Euro, in der Hauptsaison bis 1400 Euro. Von Deutschland aus dauert der Flug neun bis zehn Stunden.

EINREISEBESTIMMUNGEN

Besucher benötigen ein Visum. Es wird bei der Einreise am Flughafen ausgestellt, ist drei Monate gültig und kostet 50 Dollar. Voraussetzung ist ein sechs Monate gültiger Reisepass sowie das Rückreiseticket. Du hast keine Lust, nach der Ankunft erstmal am

Viel zu entdecken – die Inselwelt um Sansibar

SIDER-TIPP
Komm entspannt an

Visaschalter Schlange zu stehen? Dann beantrag das Visum vor Reiseantritt online *(tanzania-visas.com)*.

Adapter Typ G

220 Volt. Adapter sind im Land erhältlich. Die Versorgung ist sehr unregelmäßig, längere Abschaltungen sind nicht selten.

WEITERKOMMEN

TAXI/UBER

Die Fahrt vom Flughafen nach Daressalaam kostet mit dem Taxi etwa 15 Euro. In Daressalaam, Arusha und Sansibar kannst du auch den Fahrdienst Uber nutzen, der ist etwas günstiger.

MIETWAGEN

In Tansania herrscht Linksverkehr. Das Tempolimit auf Landstraßen beträgt 80 km/h, in Städten 50 km/h und in den Nationalparks 30 km/h. Die Straßenverhältnisse sind ähnlich desolat wie das Verhalten der anderen Verkehrsteilnehmer. Nachtfahrten solltest du vermeiden: Elefanten haben keine Rücklichter und andere Verkehrsteilnehmer oft auch nicht. Autos werden in Tansania oft mit Fahrer vermietet, was den Urlaub (auch Reparaturen etc.) deutlich einfacher macht. Viele Hotels und Nebenstraßen sind ohne Fahrer und Swahilikenntnisse kaum zu finden. Es ist zunehmend auch möglich, selbst zu fahren. Allerdings schließen alle seriösen Autovermietungen die Serengeti für Selbstfahrer aus.

ÖFFENTLICHE VERKEHRSMITTEL

Der öffentliche Verkehr in Tansania ist gut vernetzt. Mit dem Dalla-Dalla erreichst du auch entlegene Gegenden. Auf den wichtigen Hauptrouten verkehren komfortable Überlandbusse. Es gibt zudem zwei Bahnlinien: Die Central-Line, die von Dar aus nach Kigoma (Tanganyika-See und Gombe-Park) mit Abzweigen etwa nach Mwanza (Viktoriasee) fährt und die Tazara-Line von Dar nach Sambia.

FLÜGE & FÄHREN

Seit einigen Jahren gibt es auch in Tansania günstige Inlandsflüge. Die bedeutendste Gesellschaft ist *Fast Jet (fastjet.com)*, die fast jeden größeren tansanischen Flughafen ansteuert (Dar, Kilimandscharo, Mbeya, Mwanza, Kigoma). Eine kleinere Airline ist *Coastal Aviation (coastal.co.tz)*. Sie verbindet die Nationalparks untereinander, mit den überregionalen Flughäfen und auch mit Sansibar. Wer von Daressalaam nach Sansibar reist, nimmt am besten einen Katamaran *(azammarines.com)*: Die Überfahrt kostet gerade einmal 35 Dollar, dauert nicht länger als 90 Minuten, du sparst dir den Stau zum Flughafen und übers Meer nach Stone Town zu gleiten ist einfach göttlich. Die Tickets müssen am Vortag am Hafen abgeholt werden.

INSIDER-TIPP
Bester Blick auf Sultanspaläste

GRÜN & FAIR REISEN

Du willst beim Reisen deine CO_2-Bilanz im Hinterkopf behalten? Dann kannst du deine Emissionen kompensieren *(atmosfair.de; myclimate.org)*, deine Route umweltgerecht planen *(routerank.com)* oder auf Natur und Kultur *(gate-tourismus.de)* achten. Mehr über ökologischen Tourismus erfährst du hier: *oete.de* (europaweit); *germanwatch.org* (weltweit).

IM URLAUB

FEIERTAGE

1. Jan.	Neujahr
6. Jan.	*Mapinduzi Day:* Jahrestag der Revolution auf Sansibar
	Karfreitag und Ostermontag
26. April	*Union Day:* Gründung Tansanias
7. April	Todestag des ersten sansibarischen Präsidenten Scheich Karume
1. Mai	Tag der Arbeit
7. Juli	*Saba Saba:* Tag der Kleinbauern
8. Aug.	*Nane Nane:* Tag der Bauern
14. Okt.	Todestag von Julius Nyerere
9. Dez.	Unabhängigkeitstag
25./26. Dez.	Weihnachten

GELD & KREDITKARTEN

Landeswährung ist der Tansanische Schilling (abgekürzt TSh). Geldscheine sind gestaffelt nach 500, 1000, 2000, 5000 und 10 000 TSh. Im Umlauf sind außerdem Münzen zu 50, 100, 200 und 500 TSh. Vor allem in den touristischen Gebieten des Landes hat sich jedoch eine zweite Wäh-

FESTE & EVENTS

RUND UMS JAHR

JANUAR

Idd al-Moulid: Geburtstag des Propheten Mohammed (Stone Town)

FEBRUAR

Sauti za Busara ★: Musikfestival, (Stone Town), *busaramusic.org*

MÄRZ

Nyama Choma: Grillfestival (Arusha)
Kilimanjaro Marathon: (Moshi), *kilimanjaromarathon.com*

APRIL

Tag der tansanischen Vereinigung: (ganz Tansania)
Dar Jazz Event: (Daressalaam), *darjazzevent.com*

MAI

Eid Mubarak: Fastenbrechen (Sansibar)

JULI

Festival of the Dhow Countries: (Sansibar)
Zanzibar International Film Festival: (Stone Town), *ziff.or.tz*
Mwaka Kogwa Festival: persische Neujahrsfeier (Makunduchi, Sansibar) (Foto)

SEPTEMBER

Tanzacat Regatta: von Msasani nach Stone Town, *hobie.co.za/events*
Bagamoyo Arts Festival: (Bagamoyo), *bagamoyo.com*

OKTOBER/NOVEMBER

Diwali: Lichtfest der Hindugemeinde, (Daressalaam)

NOVEMBER

East African Safari Classic Rallye: von Mombasa nach Tansania, *eastafricansafarirally.com*

DEZEMBER

Swahili Fashion Week: (Daressalaam), *swahilifashionweek.com*

rung etabliert: der US-Dollar. Der Eintritt in Nationalparks (außer Ngorongoro-Area) muss mit Kreditkarte (Visa, Master Card) gezahlt werden. Noten mit einem Ausgabedatum vor 2003 werden (auch von Banken) nicht akzeptiert, sicher ist man mit Dollarnoten ab 2006.

Neben dem US-Dollar ist auch der Euro im Land weit verbreitet. Beide Währungen werden problemlos in Wechselstuben *(foreign exchange bureaus)* gewechselt. Geldautomaten gibt es in den größeren Städten. Die meisten nehmen auch EC-Karten an, sind allerdings hin und wieder außer Betrieb. Wenn alle Stricke reißen, lass dir Geld per Western Union schicken. Das Zahlen mit Kreditkarte ist im Alltag nur selten möglich, häufig wird dabei eine Gebühr von fünf bis zehn Prozent erhoben.

WAS KOSTET WIE VIEL?

Dalla-Dalla	40 Cent *für eine Stadtfahrt*
SIM-Karte	ca. 6 Euro *pro Woche; inkl. Internet und Telefon*
Bier	1 Euro *für 0,5 Liter*
Essen	3 Euro *für ein Gericht im Straßenverkauf*
Kanga	ab 5 Euro *für ein Stück Stoff (besteht aus zwei identischen Teilen)*
Mietwagen	ab 150 Euro *pro Tag, mit Fahrer*

GESUNDHEIT

Für Reisende aus Europa sind derzeit keine Impfungen vorgeschrieben. Du solltest aber gegen Tetanus, Polio, Diphtherie, Typhus und Hepatitis geimpft sein. Wer aus einem Gelbfiebergebiet (z. B. Nachbarländer) einreist, muss eine gültige Gelbfieberimpfung vorweisen. Malaria ist in Tansania insbesondere während oder kurz nach der Regenzeit verbreitet: unbedingt eine Prophylaxe mit einem Tropenmediziner besprechen! Ins Gepäck gehört eine Reiseapotheke mit Verbandszeug, Insektenschutz, Mittel gegen Durchfall, Schmerzen und Entzündungen sowie ggf. persönlicher Medizin.

Auch eine Lebensmittelvergiftung wird oft von Fieber begleitet. Halten die hohen Temperaturen an, gehst du am besten ins Krankenhaus statt zum Arzt. Nur dort sind alle Instrumente vorhanden, um Patienten auf die üblichen Viren oder Parasiten zu testen. In Dar empfiehlt sich die *IST-Clinic (Ruvu Street | Tel. 022 2 60 13 07 | istclinic.com)* und das *Aga Khan Hospital (Barack Obama Av. | Tel. 022 2 11 51 51 | agakhanhospitals.org)*. Bei Notfällen und auf Safari helfen die *Flying Doctors*: Der medizinische Notdienst kommt per Flugzeug, für den Notfall steht eine 24-Stunden-Hotline zur Verfügung. Für ca. 12 Euro kann man eine zweiwöchige Mitgliedschaft erwerben *(amrefgermany.de)*.

INTERNETZUGANG & WLAN

Viele Hotels bieten Internetanschluss, in den Ballungszentren gibt es außerdem zahlreiche Internetcafés *(Preise 500–2000 TSh/Std.)*. Im europäischen Vergleich sind die Verbindungen jedoch sehr langsam. Deshalb empfiehlt es sich, gleich nach Ankunft am Flughafen eine lokale SIM-Karte mit mobilem Internet zu kaufen.

KLEIDUNG

In Tansania gilt: Kleider machen Leute. An der Küste solltest du abseits des Strands stets eine saubere Hose, saubere Schuhe und ein frisches T-Shirt (besser: Hemd) anziehen. Frauen sollten an der Küste – außer am Strand – immer ihre Schultern bedeckt halten und keine kurzen Hosen oder Miniröcke tragen. Nackt baden, auch nur oben ohne, ist in Tansania verboten.

Auf Safari und im heißeren Binnenland bietet sich helle, dünne Kleidung aus Baumwolle oder Leinen an. Außerdem eine Kopfbedeckung und Sonnenbrille. Wenn du Zeit im Hochland oder in den Bergen verbringen willst, nimm einen Pullover und ein Halstuch mit. Besonders im Norden, in den Hochländern rund um Moshi, Arusha, den Ngorongoro-Krater sowie in der Serengeti kühlt es in der Nacht deutlich ab.

KLIMA & REISEZEIT

Im Nordosten Tansanias gibt es zwei Regenzeiten: Große Regenzeit von März bis Mai. Anfang November bis Anfang Dezember folgt eine kleine Regenzeit (aufgrund des Klimawandels verschieben sich die Regenzeiten immer häufiger).

Von Dezember bis März ist es im Norden heiß und trocken, was vorteilhaft ist für eine Safari: Die Tiere sammeln sich dann an den wenigen Wasserlöchern und sind gut zu beobachten.

Von Juni bis August ist in der nördlichen Serengeti Hochsaison – dann wandern die großen Tierherden. Gute Monate für eine Kili-Besteigung sind Januar und Februar sowie September. Auf Sansibar und an der Küste herrscht ganzjährig ein tropisches Klima mit hohen Temperaturen, im April, Mai und Juni regnet es aber heftig. Viele Hotels haben dann geschlossen. Klimatisch am angenehmsten sind hier die Monate Juli bis September.

MEDIEN

Der Präsident hat die Meinungsfreiheit in den letzten Jahren stark eingeschränkt. Zahlreiche Journalisten werden bedroht oder sind verschwunden. Auch einige ausländische Journalisten wurden bereits inhaftiert. Der *Guardian* ist die führende englischsprachige Zeitung Tansanias und geht die Regierung immerhin etwas schärfer an. Der *Citizen* (gehört zur Aga-Khan-Mediengruppe) ist unabhängig, während die *Daily News* eine Regierungszeitung und deshalb als einzige fast überall im Land erhältlich ist. Wichtigstes Medium für die meisten Tansanier ist nach wie vor das Radio: das staatliche *Radio Tanzania* spielt einheimische Musik. Nachrichten hört man am besten auf dem *BBC World Service*. Das Fernsehprogramm findet vor allem auf Suaheli statt.

SICHERHEIT

Die Sicherheit in den Städten hat in den letzten Jahren abgenommen. In

Arusha und Daressalaam gibt es Taschendiebe oder Betrüger, die es gezielt auf Urlauber abgesehen haben, vor allem dort, wo viele Sehenswürdigkeiten sind. Wenn es dunkel ist oder du dich unwohl fühlst: Nimm immer ein Taxi oder ein anderes Fahrzeug, auch für kurze Wege. Wenn du niemanden zum Klauen verführst, wird dir nichts passieren. Trag keine Handtasche bei dir, auch nicht schräg über der Schulter. Besser sind Laufgürtel, die du unter der Hose tragen kannst, oder Plastikbeutel aus dem Supermarkt. Wertsachen und Geld solltest du im Hotel einschließen und ein paar kleine Scheine immer locker in der Hosentasche tragen. Niemals auf der Straße Geld tauschen! Einen Polizei- oder Krankenhausnotruf gibt es in Tansania nicht. Es ist ratsam, für den Notfall die Nummer des Hotels im Handy zu speichern.

SPRACHE

Offizielle Sprache ist in Tansania neben Kiswahili auch Englisch, wird aber nur von einer Minderheit gesprochen. Deshalb sollten sich Individualreisende am besten einen Guide suchen.

TRINKGELD

Spar nicht mit dem Trinkgeld – in Tansania ist es auch üblich, Menschen, die einem beim Einparken oder beim Koffertragen helfen, etwas Kleingeld zuzustecken. In Restaurants ist oft eine *service charge* in der Rechnung enthalten, ansonsten kannst du den Betrag einfach aufrunden. Bei Safaris, Bergtouren oder für Fahrer sind großzügige Trinkgelder vom Gast fest eingeplant. Wenn deine Reise organisiert ist, sprich am besten vorher mit dem Veranstalter.

ÜBERNACHTEN

Von der Absteige bis zur Luxusherberge – es gibt alles. Das Preisniveau ist insgesamt jedoch sehr hoch. Eine Ausnahme sind die landestypischen Budget-Unterkünfte: In den Städten sind dies Gästehäuser (oft mit Gemeinschaftsbad, ohne warmes Wasser), z. B. von kirchlichen Einrichtungen, in den Parks bescheidene *Rest Houses* (oft für Selbstversorger), an der Küste *Bandas* (Holz- oder Lehmhütten mit Strohdach). Mittelklasseunterkünfte – ob Hotel oder Lodge – bieten meist heißes Wasser, Ventilator und Klimaanlage. Die gehobenen Unterkünfte sind meist mit All-inclusive-Angeboten (Vollpension, Safaris) verbunden.

In vielen Parks gibt es Camps: Du schläfst mitten in der Natur in luxuriösen Zelten, die vollständig möbliert sind und ein vollausgestattetes Bad mit europäischer Toilette besitzen. Neben festen Camps gibt es auch so genannte *flycamps* – mobile Camps, die teils nur für eine Safari errichtet werden.

ZOLL

Die Ausfuhr von Muscheln, Elfenbein, Schildkrötenpanzern und jeder Art von Wildtier ist gemäß dem Washingtoner Artenschutzabkommen verboten. Für historische Gegenstände musst du eine Ausfuhrgenehmigung vorlegen. Verboten ist auch die Ausfuhr von Landeswährung (Schilling). Fremdwährung (Euro, Dollar) darf in beliebiger Höhe nach Tansania eingeführt werden. Zollfrei sind bei der Wiedereinreise in die EU u. a. folgende Waren: 200 Zigaretten; 1 l Spirituosen mit mehr als 22 Prozent Alkoholgehalt; 500 g Kaffee; 50 g Parfüm. Mitbringen darfst du außerdem Waren im Wert von 430 Euro pro Person. Nähere Informationen unter *zoll.de*

NOTFÄLLE

DIPLOMATISCHE VERTRETUNGEN

– Botschaft der Vereinten Republik Tansania:
Eschenallee 11 | 14050 Berlin | Tel. 030 3 03 08 00 | tanzania-gov.de

– Deutsche Botschaft:
Garden Av./Mirambo Street | Daressalaam | Tel. 022 2 11 74 09 | daressalam.diplo.de

– Deutscher Honorarkonsul:
Ulf Kusserow | Ngaramtoni ya Chini (hinter der International School) | Arusha | Tel. 0742 66 08 12, 0754 78 96 03

– Deutscher Honorarkonsul:
Tobias Dietzold | Sansibar Mazizini (neben dem Parlament) | Sansibar | Tel. 0774 70 07 18

– Österreichisches Honorarkonsulat:
Slipway Road, Plot 1864 | Msasani | Daressalaam | Tel. 022 2 60 14 92 | austrian consulate@bol.co.tz

– Schweizer Botschaft:
Kinondoni Road, Plot 79 | Daressalaam | Tel. 031 3 24 18 26 | eda.admin.ch/daressalaam

WETTER IN DARESSALAAM

Hauptsaison
Nebensaison

	JAN.	FEB.	MÄRZ	APRIL	MAI	JUNI	JULI	AUG.	SEPT.	OKT.	NOV.	DEZ.
Tagestemperaturen	31°	32°	32°	31°	30°	29°	29°	30°	30°	31°	31°	32°
Nachttemperaturen	24°	23°	23°	23°	21°	19°	18°	18°	19°	20°	22°	23°
Sonnenschein Stunden/Tag	7	8	7	5	7	7	7	9	9	9	9	9
Niederschlag Tage/Monat	6	5	14	18	12	6	3	4	5	7	8	8
Wassertemperatur	28°	28°	28°	28°	27°	26°	25°	25°	25°	26°	27°	28°

Sonnenschein Stunden/Tag   Niederschlag Tage/Monat   Wassertemperatur

SPICKZETTEL ENGLISCH

SMALLTALK

ja/nein/vielleicht	yes/no/maybe	jäs/nəu/mäibi
bitte/danke	please/thank you	plihs/θänkju
Wie bitte?	Pardon?	'pahdn?
Gute(n) Morgen!/Tag!/ Abend!/Nacht!	Good morning!/ afternoon!/evening!/ night!	gud 'mohning/aftə'nuhn/ ihwning/nait
Hallo!/Auf Wiedersehen!	Hello!/Goodbye!	hə'ləu/gud'bai
Ich heiße …	My name is …	mai näim is …
Wie heißt du?/Wie heißen Sie?	What's your name?	wots jur näim?
Ich komme aus …	I'm from …	aim from …
Entschuldigen Sie!	Excuse me!	iks'kjuhs mi
Das gefällt mir (nicht).	I (don't) like this.	ai (dəunt) laik Dis
Ich möchte …	I would like to …	ai wudd 'laik tə …

ZEIGEBILDER

ESSEN & TRINKEN

Die Speisekarte, bitte.	The menu, please.	Də 'mänjuh plihs
Könnte ich bitte … haben?	May I have …, please?	mäi ai häw …, plihs?
Messer/Gabel/Löffel	knife/fork/spoon	naif/fohrk/spuhn
Salz/Pfeffer/Zucker	salt/pepper/sugar	sohlt/'päppə/'schuggə
Essig/Öl	vinegar/oil	'viniga/oil
Milch/Sahne/Zitrone	milk/cream/lemon	milk/krihm/'lämən
mit/ohne Eis/ Kohlensäure	with/without ice/gas	wiD/wiD'aut ais/gäs
Vegetarier(in)/Allergie	vegetarian/allergy	wätschə'täriən/'älladschi
Ich möchte zahlen, bitte.	May I have the bill, please?	mäi ai häw De bill plihs
Rechnung/Quittung	bill/receipt	bill/ri'ssiht
bar/ec-Karte/Kreditkarte	cash/ATM card/ credit card	käsch/äi ti äm kahrd/ krädit kahrd

NÜTZLICHES

Wo ist …?/Wo sind …?	Where is …?/ Where are …?	'weə is…?'weə ahr …?
Wie viel Uhr ist es?	What time is it?	wot 'taim is it?
heute/morgen/gestern	today/tomorrow/ yesterday	tə'däi/tə'morəu/'jästədäi
Wie viel kostet …?	How much is …?	'hau matsch is …
Wo finde ich einen Internetzugang/WLAN?	Where can I find internet access/Wifi?	'weə känn ai faind 'internet 'äkzäss/waifai?
Hilfe!/Achtung!/ Vorsicht!	Help!/Attention!/Caution!	hälp/ə'tänschən/'koschən
Apotheke/Drogerie	pharmacy/chemist	'farməssi/kemist
Fieber/Schmerzen	fever/pain	fihvə/peyn
kaputt/funktioniert nicht	broken/doesn't work	'brəukən/'dasənd wörk
Panne/Werkstatt	breakdown/garage	'bräikdaun/'gärasch
Fahrplan/Fahrschein	schedule/ticket	'skädjuhl/'tikət
0/1/2/3/4/5/6/7/8/9/ 10/100/1000	zero/one/two/three/ four/five/six/seven/ eight/nine/ten/(one) hundred/(one) thousand	'sirou/wan/tuh/θri/fohr/ faiw/siks/'säwən/äit/nain/ tän/('wan) 'handrəd/ ('wan) θausənd

URLAUBS FEELING

ZUM EINSTIMMEN & AUSKLINGEN

LESESTOFF & FILMFUTTER

DIE KINDER DER REGENMACHER

Im Hauptwerk von Aniceti Kitereza, einem wichtigen tansanischen Schriftsteller, geht es um die Liebe und das Leben eines kinderlosen Paares auf dem Land (1999).

EINE FRAGE DER ZEIT

Drei deutsche Werftarbeiter reisen nach Deutsch-Ostafrika, um im Auftrag des Kaisers ein Dampfschiff in Einzelteile zu zerlegen und auf dem Tanganyika-See wieder aufzubauen. Drama von Alex Capus nach einer wahren Geschichte (2007).

DARWINS NIGHTMARE

Dokumentarfilm über den Viktoriasee und seine Fischindustrie, eine gigantische Ökokatastrophe. Schonungslos zeigt der österreichische Autor Hubert Sauper die Globalisierungseffekte und die sozioökonomischen Auswirkungen auf das Ufer des Sees (2004).

SERENGETI

Für eine unbeschwerte Einstimmung auf den Urlaub: Kinodokumentation über das Leben der Tiere in Tansanias bekanntestem Naturpark, in monumentalen, ergreifend schönen Bildern (2011).

PLAYLIST QUERBEET

0:58

BI KIDUDE – KIJITI
Die Queen of Taraab, eine Legende der traditionellen Musik Sansibars, starb 2013 mit 103 Jahren.

SWAHILI ALLY – MVURA
Schon seine Großeltern waren für ihre Musik berühmt. Er singt auf Digo, einer Regionalsprache aus Tanga.

SAIDA KAROLI – ORUGAMBO
Die traditionelle Sängerin vom Viktoriasee ist so beliebt, dass Popstars ihre Songs covern.

DIAMOND PLATNUMZ – AFRICAN BEAUTY
Der Bongo-Flava-Superstar aus Kigoma bringt die Clubs in ganz Ostafrika zum Beben.

LEO MKANYIA – BANGILI
Als „Swahili Blues" bezeichnet der engagierte Musiker, Sohn eines Jazzgitarristen, seine Musik.

Den Soundtrack zum Urlaub gibt's auf **Spotify** unter **MARCO POLO** Tanzania & Zanzibar

Oder Code mit Spotify-App scannen

AB INS NETZ

FROMSANSIBARWITHLOVE.COM
Restaurant-, Event- und Shoppingtipps der Autorin Andrea Tapper, gespickt mit Anekdoten über ihren Zweitwohnsitz Sansibar

SAUTI ZA BUSARA OFFICIAL
Auf dem Youtube-Kanal des beliebtesten Musikfestivals Ostafrikas gewinnst du einen Einblick in die unglaublich vielfältige Musikszene Tansanias.

THE TASTE OF TANZANIA
Der beliebteste Rezepteblog Tansanias von Autorin Miriam Malaquias, die mit Kardamom, Ingwer und Kokos kocht

TANZANIAPARKS.GO.TZ
Die neuesten Infos aus allen Nationalparks und einen Überblick über die angebotenen Aktivitäten erhältst du auf der Website der Behörde Tanapa.

TANZANIA-NETWORK.DE
Hier findest du Initiativen in Deutschland, die sich mit Tansania und der Aufarbeitung der deutschen Kolonialvergangenheit beschäftigen, daneben auch Swahili-Stammtische.

TRAVEL PURSUIT

DAS MARCO POLO URLAUBSQUIZ

Weißt du, wie Tansania tickt? Teste hier dein Wissen über die kleinen Geheimnisse und Eigenheiten von Land und Leuten. Die Lösungen findest du in der Fußzeile. Und ganz ausführlich auf den S. 20–25.

❶ Welche ist die Staatssprache Tansanias?

a) Kisuaheli
b) Englisch
c) Beide: Kisuaheli und Englisch

❷ Wie spät ist es mittags in Suaheli-Zeit?

a) 12 Uhr
b) 0 Uhr
c) 6 Uhr

❸ Wie hieß der erste Präsident Tansanias?

a) John Magufuli
b) Julius Nyerere
c) Jomo Kenyatta

❹ Was macht den Kern der sogenannten Politik des Ujamaa aus?

a) Bekämpfung von Korruption
b) Ujamaa ist suaheli und bedeutet Geschlechtergleichheit
c) Die Bevölkerung wird in Gemeinschaftsdörfern zusammengeführt, die sich selbst verwalten und versorgen

❺ Wo in Tansania fanden Forscher Fossilien von frühen Verwandten des anatomisch modernen Menschen?

a) Im Ngorongorokrater
b) In der Olduvai-Schlucht
c) In der Serengeti

Lösungen: 1c, 2c, 3b, 4c, 5b, 6a, 7c, 8c, 9c, 10b, 11a

Wo genau fand man die Wiege der Menschheit?

❻ Wie viele ethnische Gruppen gibt es in Tansania?

a) 128
b) 38
c) 67

❼ Welche dieser ethnischen Gruppen kommen in Tansania nicht vor?

a) Makonde
b) Sukuma
c) Samburu

❽ Woran sterben die meisten Menschen Tansanias einen frühen Tod?

a) An Aids/HIV
b) An einem Schlaganfall
c) An Komplikationen bei der Geburt

❾ Wer oder was ist Singeli?

a) Eine Königsfamilie, die vom 13. bis 15. Jh. auf Kilwa Kisiwani herrschte
b) Eine ethnische Gruppe Tansanias
c) Ein elektronischer Musikstil

❿ Wie viel verdiente der tansanische Staat in den letzten Jahren am Tourismus?

a) Rund 10 % seines BIPs
b) Knapp 20 % seines BIPs
c) Etwa 8 % seines BIPs

⓫ Wie lange überlebte der sogenannte tansanische Sozialismus?

a) Bis Ende der 70er Jahre
b) Bis zum Fall des Eisernen Vorhangs
c) Bis zum Ende der Apartheid in Südafrika

REGISTER